PROPÓSITO

POR QUE ELE ENGAJA COLABORADORES, CONSTRÓI MARCAS FORTES E EMPRESAS PODEROSAS

JOEY REIMAN

ALTA BOOKS
EDITORA
Rio de Janeiro, 2018

Copyright © 2018. Starlin Alta Editora e Consultoria Eireli
Copyright © 2013 by Joey Reiman. Todos os direitos reservados. Essa tradução foi publicada mediante acordo com a editora John Wiley & Sons, Inc.

Título original: The Story of Purpose: The Path to Creating a Brighter Brand, a Greater Company, and a Lasting Legacy

Camelot (from "Camelot")
Words by Alan Jay Lerner and Frederick Loewe.
Copyright © 1960 (Renewed) by Alan Jay Lerner and Frederick Loewe.
Publication and Allied Rights Assigned to Chappel & Co., Inc.
All Rights Reserved. Used by Permission.

When You Wish Upon a Star
Words by Ned Washington Music by Leigh Harline.
Copyright © 1940 by Bourne Co. (Renewed) All Rights Reserved.
International Copyright Secured ASCAP.

Tradução: Marcela Andrade
Revisão e preparação: Adriana Wrege
Editoração eletrônica: ERJ Composição Editorial
Imagem de Capa: Joe Paprocki www.paprockiandco.com
Capa adaptada de Joe Paprocki www.paprockiandco.com

Todos os direitos estão reservados e protegidos por Lei. Nenhuma parte deste livro, sem autorização prévia por escrito da editora, poderá ser reproduzida ou transmitida. A violação dos Direitos Autorais é crime estabelecido na Lei nº 9.610/98 e com punição de acordo com o artigo 184 do Código Penal.

Dados Internacionais de Catalogação na Publicação (CIP)
(Câmara Brasileira do Livro, SP, Brasil)

Reiman, Joey
    Propósito : por que ele engaja colaboradores, constrói marcas fortes e empresas poderosas / Joey Reiman ; [tradução Marcela Andrade]. -- Rio de Janeiro : Alta Books, 2018.

Título original: The story of purpose.

ISBN: 978-85-508-0525-2

    1. Administração 2. Branding (Marketing) 3. Eficácia organizacional 4. Mudança organizacional - Administração 5. Responsabilidade social das empresas I. Título.

13-06945   CDD-658.406

Índices para catálogo sistemático:
1. Marcas comerciais : Marketing : Excelência nos negócios : Administração de empresas
658.406

Rua Viúva Cláudio, 291 — Bairro Industrial do Jacaré
CEP: 20970-031 — Rio de Janeiro - RJ
Tels.: (21) 3278-8069 / 3278-8419
www.altabooks.com.br — altabooks@altabooks.com.br
www.facebook.com/altabooks

Prefácio

Nunca se falou tanto em propósito, e muita gente sente que, cada vez mais, o trabalho precisa estar alinhado com a essência pessoal. E para as empresas? Como as organizações são capazes de transformar a sociedade e gerar impactos positivos à vida dos cidadãos e à economia por meio de seus produtos e serviços?

"O propósito impulsiona tudo o que fazemos. Transforma perguntas em ações, ideias em fatos e empregos em vocações. O propósito é emoção em movimento, fé à enésima potência, é a razão para marchar ao trabalho pela manhã. Uma vez encontrado, sua força é incomparável". O trecho, retirado deste livro de Joey Reiman, resume o que acredito ser a chave para a felicidade no trabalho e, consequentemente, para o sucesso de uma organização. As pessoas buscam trabalhar em empresas que tenham um propósito claro e que, em seus valores, mostrem na prática o que acreditam, com ação e emoção.

Talvez poucos de nós já pararam em algum momento na carreira para refletir sobre a razão de existir da empresa para a qual trabalhamos. Em geral, sabemos o que e como ela faz, mas nem sempre o porquê disso.

Na Robert Half, é muito claro o propósito de fazer diferença na vida das pessoas, além do objetivo de encontrar o ajuste certo entre um cliente e um candidato, o quê cria uma força de trabalho engajada e energizada.

Seja você dono ou funcionário, profissional experiente ou em início de carreira, o segredo está em saber qual o seu propósito e conhecer profundamente o propósito da empresa em que trabalha. Ambos precisam estar perfeitamente alinhados.

Propósitos bem definidos e alinhados motivam, melhoram o clima da organização, engajam, atraem, retêm talentos e geram resultados. Pessoas e empresas que ainda não têm essa visão tendem a ficar para trás.

Boa leitura!

Fernando Mantovani
Diretor Geral da Robert Half Brasil

Para os propósitos da minha vida:
Cynthia, Alden e Julien

Sumário

PREFÁCIO-FERNANDO MANTOVANI 3

SOBRE A CAPA 9

APRESENTAÇÃO 11

PREFÁCIO 13

PREFÁCIO À EDIÇÃO BRASILEIRA 15

INTRODUÇÃO 21

I   O PROPÓSITO: DEVOLVER A HUMANIDADE AOS NEGÓCIOS **25**

    1   O Propósito do Trabalho é Trabalhar pelo Propósito............. 27

    2   Liderança Inspirada por Propósito...................................... 37

    3   A *Master Idea* 53

II   A CAIXA-PRETA DA ESTRATÉGIA **61**

    4   Ethos: Os Frutos Estão nas Raízes..................................... 63

    5   Cultura: Criando o Cult da Sua Cultura............................. 73

    6   Valores: Seu Ativo Mais Valioso 87

    7   Estratégia: O Plano da Vitória... 101

    8   Tática: Tudo o Que Você Precisa é Amor.......................... 119

III   PROPÓSITO S.A: COMO INCORPORAR PROPÓSITO AO SEU NEGÓCIO **133**

    9   Investigação 137

    10   Incubação 149

    11   Iluminação... 163

    12   Ilustração... 177

IV CRIANDO UM LEGADO DURADOURO..**191**

    13 A Estrada para Camelot..193

    14 Um Mundo com Propósito......................................211

Epílogo: O propósito coletivo é nossa salvação............................225

Notas 229

Recursos adicionais 238

Sobre o autor..239

Agradecimentos...241

Índice Remissivo 247

Sobre a capa

O diagrama de Venn que aparece na capa foi criado por John Venn para ilustrar as relações entre diferentes conjuntos de elementos. Como forma de representação do propósito, ilustra o axioma de Aristóteles, segundo o qual, "na intersecção de seus talentos únicos com as necessidades do mundo encontra-se a sua vocação". Em outras palavras, na intersecção dos talentos de sua organização e as necessidades do mundo, encontra-se o propósito de sua organização.

O *designer* de renome internacional Joe Paprocki, <www.paprockiandco.com>, que compartilha seus talentos comigo há 20 anos, criou esta capa. Fico feliz pela intersecção de nossos caminhos.

Apresentação

Uma apresentação deveria ter um propósito específico, oferecer uma razão para que o leitor invista tempo e dinheiro em um livro. Foi por isso que concordei em escrever esta apresentação para o líder do pensamento e visionário do propósito Joey Reiman, a quem já me referi como o Moisés do marketing.

Como professor de marketing de uma das escolas de negócios de maior prestígio do mundo, a Kellogg School of Management da Northwestern University, testemunhei modelos de marketing surgirem e desaparecerem. Esse veio para ficar.

Além dos conceitos de geração de valor e de geração de valor ao acionista, existe um recurso ilimitado para criar um mundo melhor e um legado duradouro para empresários ao redor do globo: chama-se propósito.

Embora o conceito de propósito não seja novo, é nova a aplicação que Joey Reiman faz dele, assim como a promessa que isso representa para os negócios. A simples busca de lucro não pode mais ser a única razão para a criação dos negócios. O capitalismo precisa de uma redefinição e de propósito, ou de *excelência emocional,* como denomina Reiman. O propósito é o catalisador que pode revigorar e empoderar o capitalismo.

O marketing será consideravelmente beneficiado por uma tomada de posição das marcas em um mundo que não tolera mais o excesso de comoditização sem significado de produtos e serviços.

Esse não é um aviso para os profissionais de marketing, mas uma oportunidade. Primeiramente surgiu a noção de benefício do produto, depois a de benefício emocional. O autor e eu, juntamente com outros, agora anunciamos os benefícios que as organizações são capazes de agregar à sociedade quando creem em sua maior responsabilidade no mundo.

Essas marcas e empresas de propósito transformarão, de fato, a sociedade, e, por meio do poder dos negócios, vão mitigar as mazelas do mundo como a fome, a pobreza, a injustiça e a degradação do meio ambiente. Nenhum outro setor da sociedade tem os meios para fazer isso. É algo que cabe a todos nós, e este livro mostra como fazer isso.

O autor fornece uma metodologia impressionante e comprovada pela experiência para revelar o que denomina de *Master Idea* de uma marca ou de uma empresa. Baseia-se na noção persuasiva de que empresas não vivem no passado, mas o passado continua vivo nas empresas.

Uma vez descoberta a característica fundadora da empresa, ela revelará o caminho para a obtenção de uma força de trabalho comprometida, de produtos e serviços mais inovadores, de clientes mais fiéis, além de aumentos substanciais nos lucros e impacto positivo na sociedade.

Riqueza pode ser definida tanto por uma abundância de bens materiais como por uma vida plena. Mas Reiman afirma que você não precisa escolher entre uma e outra. A única escolha a ser feita é se você deseja fazer parte da mais promissora história dos negócios dos últimos tempos.

Acompanho Joey Reiman em seu propósito de compartilhar *Propósito*. Contamos com você para compartilhar esta história com cada empresa no planeta.

— **Philip Kotler**
Professor emérito de Marketing Internacional na cadeira
S. C. Johnson & Son da Kellogg School of Management,
na Northwestern University, em Evanston, Illinois.

Prefácio

Propósito é o extraordinário próximo capítulo no mundo dos negócios. Nesta nova era, propósito e significado representarão marcas de maior destaque, empresas melhores e legados duradouros para todos os envolvidos.

Prestei consultoria por décadas para muitos dos mais destacados líderes de propósito e para empresas *top* ao redor do mundo. Este livro é resultado da minha experiência, e é destinado a todos que queiram tornar mais significativo o papel desempenhado pelos negócios. Meu objetivo é reunir empresas de propósitos mais elevados para se tornarem visionárias de vanguarda que transformarão a sociedade por meio de seu trabalho.

Ao longo da história, o desejo por dinheiro só foi igualado pelo desejo por significado. As empresas estão se deparando com esse mesmo desejo, e os negócios estão trazendo isso à tona. Além da geração de valor para o acionista, existem recursos ilimitados criados pelas empresas e trabalhando em prol de causas mais nobres. Este livro é a conclusão de 17 anos de teoria do propósito, da criação de um modelo e de sua aplicação que gigantes globais como Procter & Gamble, McDonald's, Carlsberg e Newell Rubbermaid hoje utilizam com enorme sucesso.

Meu propósito – e a missão deste livro – é inspirá-lo por meio do exemplo das empresas mais famosas do mundo e equipá-lo com as ferramentas e estratégias necessárias para que possa transformar sua organização e obter o mesmo nível de sucesso e respeito dos gigantes. Não importa se você é estudante de administração, associado de uma empresa, empreendedor ou diretor executivo de uma empresa: você vai querer fazer parte desta história.

Nossa jornada tem início no novo alvorecer dos negócios, seguindo de perto os maiores líderes de propósito do mundo, suas marcas e suas empresas, a fim de conhecer as melhores práticas utilizadas por eles.

Você vai aprender a escavar, articular e ativar o propósito em sua organização. E, dessa maneira, o retorno financeiro de sua empresa pode superar em mais de 1.000% o de empresas do índice S&P 500.

Você descobrirá uma linguagem de marketing nova à medida que nos afastarmos da noção de marca para a de tomada de posição, de ponto de diferença para ponto de vista, de grande ideia para *Master Idea* e, finalmente, para o novo ROI: retorno sobre inspiração.

Você descobrirá, ainda, qual é o modelo predominante de organização em que você trabalha – plantation, castelo nas nuvens, fortaleza ou, se você é um dos afortunados, a idílica e invejada empresa Camelot. Se você ainda não é um dos afortunados, vai aprender o caminho para chegar lá.

Agora, mais importante do que isso: você vai reconhecer o poder que você e sua empresa possuem de impactar a sociedade de uma maneira positiva e significativa.

Propósito compartilha instruções para a aventura mais empolgante do mundo dos negócios e o instiga a se tornar um protagonista dessa história.

Prefácio à edição brasileira

Arquimedes, talvez o maior matemático da antiguidade clássica, dizia há mais de 2200 anos: "Dê-me uma alavanca e um ponto de apoio e eu levantarei o mundo". Pois bem, depois de vários anos envolvido com a BrightHouse em projetos ao lado do nosso sócio Joey Reiman, essa frase milenar ganhou um sentido especial na minha vida profissional.

Porque o Propósito é a alavanca que tem transformado a vida de muitas organizações. Não é demais afirmar que talvez ela não resolva os problemas deste nosso mundo, mas potencializa sobremaneira o impacto que as organizações têm na sociedade e dá uma razão de ser para sua existência.

Nós somos os pontos de apoio que garantem a propulsão dessa fantástica alavanca. As organizações que combinaram esses dois elementos – a alavanca e o ponto de apoio – têm criado muito mais valor, no sentido pleno que essa palavra pode ter. Valor no sentido do impacto no bottom line, no sentido da sustentabilidade organizacional, no sentido da contribuição para os projetos de felicidade de seus colaboradores e dos segmentos da sociedade atendidos por elas.

Propósito é a resposta para a seguinte pergunta: o que Brasil perderia se sua empresa desaparecesse amanhã? É uma pergunta transformadora.

Quando a resposta a essa pergunta é apenas a perda do negócio em si, de sua fatia de mercado, é porque o verdadeiro Propósito da organização não foi identificado. Se a TV Globo desaparecesse amanhã, o Brasil perderia muito mais do que a maior rede de TV aberta do país e toda sua oferta de programação. Perderíamos uma rede de comunicação cujo Propósito é estabelecer uma contínua sintonia com a sociedade e por isso ela expressa sua razão de ser por meio da expressão "Globo, a gente se liga em você". Há não muito tempo, a bandeira Extra do Grupo Pão de Açúcar identificou que seu Propósito ia além de vender mais barato, algo que outras grandes redes de supermercados também se propõem a fazer. Após uma "escavação" de suas origens e dos princípios que movem a rede, foi se revelando qual era, em última instância, seu real Propósito: por uma vida mais família. Uma forma de se apresentar que está presente em muitos de seus pontos de contato com stakeholders em geral, onde o preço baixo continua sendo obviamente importante, mas é, sobretudo, um veículo para materializar esse Propósito maior.

Escavação é o termo que usamos na BrightHouse Brasil para designar essa operação de busca e revelação no interior da própria organização. Propósito não é um gimmick publicitário, não é uma frase de efeito, não é algo criado de fora para dentro. Muito ao contrário disso, ele é uma ideia, um sentimento, uma essência que está presente na alma da organização, no sonho de seus fundadores e dirigentes. Por essas razões, esqueçam a ingênua tentativa de criar um Propósito. Ele não é um "aromatizador" que se aplica, mas, sim, a própria fragrância que emana da flor, e que nasce com ela.

Como vocês verão no texto do Joey Reiman, o processo organizado em quatro etapas (Investigação, Incubação, Iluminação e Ilustração) é muito diferente dos processos habituais de construção de posicionamento de mercado. O posicionamento é algo que formula um ponto de diferenciação para a marca. O propósito é, acima de tudo, um ponto de vista próprio da marca nascido dentro da organização e não pode ser encontrado no mercado, mas sim na história dessa organização. Porém, a revelação de um Propósito não contraria nunca e nem tampouco dispensa a preocupação com posicionamento de mercado. Ao contrário, posicionamento é uma janela que olha para o mercado e quanto mais ele estiver alinhado com a energia interna que emana do Propósito da organização, mais ele é poderoso. Afinal de contas, marcas não são tapumes que ocultam a empresa; são espelhos que revelam quem ela é em sua plenitude.

Há três temas que estão entrelaçados com a questão do Propósito. Eles merecem um cuidadoso esclarecimento.

Primeiro Tema: Propósito substitui a já clássica preocupação com missão, visão e valores?

A resposta a essa pergunta parte de uma prosaica situação a que assistimos atualmente. Muitos de nós já percebemos que se trocásse-

Prefácio à edição brasileira

mos os quadros pendurados nas paredes de uma empresa com os de outras, onde aparecem mission statements, por exemplo, os colaboradores muito provavelmente não notariam a mudança no dia seguinte. Este é um fato muito mais comum do que se poderia supor e esperar.

No Grupo Troiano de Branding, realizamos há algum tempo a seguinte experiência: coletamos os textos com missão, visão e valores de 50 empresas no Brasil. Depois de devidamente observados e organizados, constatamos o que já se suspeitava: as palavras, ideias e promessas que apareceram neles podem ser resumidas a um conjunto muito pequeno e repetitivo de temas. Coisas como excelência, compromisso com acionistas, ética, responsabilidades sociais e ambientais, qualidade etc., etc., etc. repetem-se ad nauseam. O que foi criado um dia para individualizar uma organização e dar um sentido para sua existência, como sua missão, visão e valores, é hoje algo que as aproxima e as torna indiferenciadas, umas em relação às outras. Isto significa que devemos abandonar a preocupação em dispor de uma missão, de uma visão dentro das organizações? Absolutamente, não! O que devemos entender, no entanto, é que missão, visão e valores são uma condição necessária, mas não suficiente, como se diz em matemática. Missão revela o que eu sei fazer bem. É o what. Visão traduz para onde vai a organização. É o where. Nenhum dos dois, porém, responde à pergunta: por que eu existo? O why! É isso, em última instância, de que trata o livro. É isso que significa escavar e revelar o Propósito: entender porque a organização existe.

Falar de escavação e da identificação da razão de ser de uma marca pode parecer, à primeira vista, um exercício nostálgico. Apenas uma reconstituição "arqueológica" da sua história, um passeio pelos sonhos dos fundadores. Mas não é bem assim. A revelação do Propósito é, sobretudo, uma projeção para o futuro. Ele é o que permite articular a razão de ser daquela marca com aquilo de que o mundo precisa. A melhor forma de dizer isso foi expressa há muito tempo por Aristóteles: "Onde as necessidades do mundo e os seus talentos se cruzam, aí está a sua vocação".

A Graco, uma das empresas do grupo Newell Rubbermaid, tradicional fabricante de uma ampla linha de produtos de crianças e bebês percebeu isso. Ao invés de pensar apenas em sua missão, fabricar os melhores produtos para cuidar dos filhos pequenos, deu um passo além. Identificou que seu Propósito era algo com muito mais alcance, muito mais valioso e revestido de um sentido de uniqueness: "Cuidamos dos pais, para que eles possam cuidar melhor dos seus filhos". A partir daí, não só sua razão de ser ficou mais clara, como também ampliou-se muito a possibilidade de oferta de novos produtos e serviços.

Segundo Tema: existe alguma evidência de que empresas com um claro Propósito gerem mais resultados que as outras?

A resposta é sim. Há um seleto grupo de empresas no mundo que são amadas – veja bem, literalmente amadas, e não somente admiradas – por todos os públicos com os quais elas se relacionam: clientes, colaboradores, fornecedores e a comunidade mais ampla.

Os autores do livro Os segredos das empresas mais queridas (R. Sisodia, D. Wolfe e J. Sheth) pesquisaram centenas de companhias e encontraram certo grupo que atende a esse critério. Essas empresas pagam muito bem seus empregados, entregam valor para seus clientes, estão rodeadas por uma rede de prósperos fornecedores e, atenção: trazem um fantástico retorno para os acionistas – 1025% nos últimos 10 anos, versus apenas 122% para as empresas listadas no S&P 500 (índice que agrega as 500 ações mais relevantes para o mercado norte-americano) e 316% para as companhias citadas na obra Empresas feitas para vencer do Jim Collins. Vocês encontrarão esse gráfico no livro, mas ele é tão poderoso para demonstrar o quanto empresas com um propósito geram resultados superiores, que resolvi mostrá-lo aqui também.

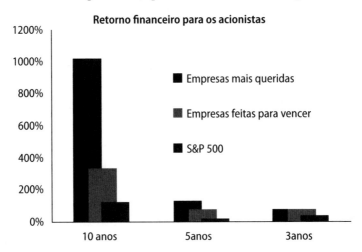

Mas isso também é verdade para o Brasil. Estudo que fizemos há pouco tempo, publicado na revista de Marketing Industrial, também demonstra a força do Propósito como uma alavanca de resultados.

Nesse estudo, estabelecemos uma relação entre três variáveis: a existência de um Propósito na organização, o nível de reputação de sua marca corporativa e a sua performance na BOVESPA. O que encontramos foi uma verdadeira Roda da Fortuna. Um ciclo virtuoso de realimentação entre as três variáveis.

Terceiro Tema: a adoção de uma causa é sinônimo de ter um Propósito?

A resposta é: não! Estamos diante de uma perigosa confusão. Quando alguém fala de Propósito, o outro poderá dizer: "ah, vocês estão falando de coisas como usar embalagens recicláveis ou apoiar causas sociais...". Nada disso. Ainda que louvável, esse tipo de prática surge como um "adendo", como uma das ações que compõem as atividades de marketing e relacionamento da empresa. É sempre um esforço – nem sempre ancorado na realidade – de retratar a empresa como uma organização que também se preocupa com a sociedade. Bom, propósito não é um adendo, não é um aromatizador, como disse antes. É algo entranhado em tudo, tudo o que a empresa faz e diz. Propósito não é uma iniciativa isolada, momentânea ou oportunista. Propósito não é "me too", algo como "nós também protegemos o meio-ambiente". Propósito é sim uma maneira única que a empresa escolhe para organizar sua contribuição para o mundo. Propósito é algo que todos os colaboradores da empresa respiram no seu dia a dia.

Acho que esses três temas ajudam a definir qual é o verdadeiro território em que o Propósito opera e vocês encontrarão uma compreensão ainda muito mais evidente sobre isso no livro.

Eu conheci o Joey Reiman e a BrightHouse há seis anos durante um projeto que, juntos, conduzimos internacionalmente para a marca Havaianas. A direção do projeto era da BrightHouse e o Grupo Troiano de Branding foi um apoio para eles e para a Alpargatas no Brasil. A história que se seguiu depois foi de um crescente envolvimento de nossas empresas até a criação da BrightHouse Brasil, dentro de nosso Grupo. Mas o que marcou definitivamente o nosso interesse pela BrightHouse e selou nosso compromisso foi uma frase inesquecível do Joey. Durante um de nossos encontros, ele disse, referindo-se à revelação do Propósito de uma marca: "The fruits are in the roots" [Os frutos estão nas raízes]. Essa frase tão simples como transformadora me persegue desde então e tenho certeza de que vocês sentirão o mesmo ao ler este livro.

É impossível escapar do que nós somos. Quanto mais passa o tempo, cada vez mais somos parecidos com nós mesmos. Isso é verdade para cada um de nós como pessoas e para as organizações em nossa sociedade. Temos duas alternativas. Uma é ignorar que existe uma energia potencial inserida na vida dessas organizações que cria uma razão de ser para sua existência. A outra é reconhecer a presença dessa energia, apropriar-se dela e transformá-la na alavanca que dinamiza a organização, mobiliza seus colaboradores e faz com que ela tenha um significado único em seu mercado e na sociedade. Essa energia é o seu Propósito. E ela transforma a empresa, a sociedade e o mundo.

Boa leitura.

Jaime Troiano
Presidente do Grupo Troiano de Branding

Introdução

Talvez histórias sejam apenas informações com alma.

— Brene Brown[1]

Os negócios podem salvar o mundo? Reflito sobre essa questão há anos e acredito que se trata de ponto central no que se refere ao propósito de uma empresa. Em um contexto de terrorismo internacional, de economias cambaleantes, de deterioração climática e de uma crise de significado, presencio todos os dias a participação de empresas na mudança desse cenário.

Como diretor executivo (CEO) da consultoria global BrightHouse e como professor na Goizueta School of Business da Emory University, estudo há mais de trinta anos o que faz com que certas empresas e marcas sejam bem-sucedidas. Percebo que os melhores resultados, de forma consistente, são obtidos por empresas que se empenham em fazer do mundo um lugar melhor.

Desbravando campos como os da ideação e da neurociência, fixei-me no que denominei de teoria unificada do propósito e em como as empresas podem aplicá-la para contribuir de modo importante para a humanidade e para todas as espécies da Terra. Como consultor privilegiado de empresas como Procter & Gamble, McDonald's e outros gigantes corporativos, pude testemunhar um nível mais elevado de liderança atendendo a chamados superiores do mundo. Concluí, pois, que quanto mais elevado o propósito de um indivíduo ou de uma empresa, mais elevados serão os lucros.

O propósito é uma força tanto financeira como humanitária. Organizações impulsionadas por propósito fazem o bem no mundo e com maior frequência. Isso gera mais lucro para essas organizações, o que, por sua vez, permite que elas façam ainda mais o bem no mundo. É um ciclo virtuoso e inesgotável. Até agora, o objetivo dos negócios tem sido o de gerar mais negócios: melhorar resultados e enriquecer acionistas. Mas hoje há uma mudança em andamento – conduzida por uma vanguarda de líderes empresariais que acreditam num propósito mais elevado para os negócios: fazer do mundo um lugar mais rico e significativo de se viver.

Propósito é a história dessa revolução e da lista crescente de líderes, empresas e marcas que consideram a expansão de seu alcance e de seu papel na melhoria da sociedade como parte de seu negócio.

Parte de minha inspiração para contar uma história, em vez de simplesmente apresentar minhas observações, pode ser atribuída à extravagante cartunista Roz Chast, da revista *New Yorker*, cujo *cartoon* intitulado "Story Template" (molde de histórias) ilustra os quatro elementos de uma história: "era uma vez", "de repente", "no momento certo" e "felizes para sempre" (Figura I.1).

Era uma vez um *big bang*, um evento cósmico que ilustra o poder do propósito. Com as duas características do propósito, intenção e contribuição, expande nosso universo e deixa suas marcas, dentre as quais as galáxias, as estrelas, os planetas, e até mesmo você e eu.

Repentinamente, no século XXI, o mundo perde o propósito. O terror está desenfreado, o aquecimento é global e o dinheiro tornou-se escasso. Somando-se a isso, o sentido – a resposta a questões como "Por que estamos aqui"? – pode ser fugaz. Antes do final do século, as pessoas perdem a fé em seus líderes, ícones e instituições.

Felizmente, o ramo empresarial vem ao resgate e se volta para a criação de pessoas mais felizes e mais saudáveis em vez de simplesmente se preocupar com lucros. Fazer o bem é a nova moeda das empresas; um mundo melhor, seu principal objetivo. Feliz para sempre, é a humanidade que colhe os frutos. Do mesmo modo que nosso universo é impulsionado por propósito e sempre está em expansão, o crescimento dos negócios não implica nenhuma limitação à contribuição positiva para o planeta e para os 7 bilhões de pessoas que o habitam.

Não importa se você é um astrofísico ou um diretor de marketing, você vai descobrir que o propósito está na gênese de nosso mundo, havendo intenção por trás de cada contribuição ao longo dos tempos.

FIGURA I.1 Cartoon "Story Template"

Fonte: Roz Chast/The New Yorker Collection/www.cartoonbank.com.

24 PROPÓSITO

Seja nas estrelas acima de nós, seja nas células de nosso organismo, a ação poderosa do propósito pode ser percebida. Essa é a história do propósito. Corey Keyes, professor da Emory University, afirma: "Uma intenção sem contribuição é cega. Uma contribuição sem intenção é impotente".[2]

Histórias são a nova forma de narrativa para os negócios. Elas moldam nossa existência porque somos criaturas sempre em busca dos porquês. Também podem nos ajudar a entender o propósito de nosso trabalho. A missão é um "o quê"; a visão é um "onde", e o propósito é o nosso "porquê".

Quando os membros de uma organização conseguem identificar um sentido maior, eles não se concentram apenas em manter seus empregos, mas ficam contagiados e motivados. Marcas com propósito tornam-se tomadas de posição, e a força de trabalho torna-se a força vital da organização. O propósito nos ensina que causas benéficas têm efeitos benéficos. E que uma boa história é um bom negócio.

Propósito é uma bússola para uma nova direção nos negócios. Fornece um roteiro para que você construa uma empresa ou uma marca inspiradas por propósito. Utilizando metodologia e estrutura próprias, de eficácia comprovada e que têm sido empregadas pelas empresas com mais propósito do mundo, você vai descobrir seu propósito autêntico. É uma jornada que vai escavar o passado de sua empresa – os frutos estão nas raízes – e apresentar uma versão mais moderna e verdadeira de sua organização para o mercado sedento de significado.

Nunca houve época tão empolgante para estar no mundo dos negócios, pois os negócios são agora parte de todo e qualquer empreendimento humano. Imagine se todos nós trabalhássemos com propósito: seria um segundo *big bang*.

I

O Propósito

Devolver a Humanidade aos Negócios

Pense na próxima década, e o desempenho do próximo trimestre não será um problema.

— Joey Reiman,
sobre sua visão econômica

Aristóteles chamou de quididade; Nietzsche chamou de o porquê; Disney chamou de mágica; Kennedy chamou de Lua: desde os primórdios do pensamento humano, o propósito tem sido guia, inspiração e razão para crermos em algo maior.

O propósito com frequência é associado a crenças religiosas, com o pertencimento a determinados grupos, com a dedicação a uma causa e com valores de vida. Todavia, se aceitarmos o fato de que o propósito é uma força universal, temos de reconhecer sua presença positiva em toda parte. Não mais confinado à reflexão privada, o propósito ganhou vida pública.

A Parte I de *Propósito* introduz o cenário de uma nova transformação nos negócios. É uma história de aventura, em que o propósito é o herói, a sociedade está em perigo e os negócios salvam o mundo. O propósito é a força com capacidade de influenciar o modelo de negócios vigente, provocando a mudança de um modelo que atende aos próprios interesses para um que possa contemplar as necessidades do próximo.

Será possível testemunhar como empresas, marcas e líderes que dominam o manejo do propósito prevalecem em relação a seus concorrentes, tanto na Bolsa de Valores como em seus próprios quintais, conquistando a devoção de seus associados.

O comércio não mais se baseará em transações, mas sim em transformações; passará da competição à cooperação, e deixará de esperar algo para oferecer algo. Dessa maneira, a organização do século XXI vai devolver a humanidade aos negócios.

1

O Propósito do Trabalho é Trabalhar pelo Propósito

O significado gera dividendos.

— Joey Reiman,
planejando *Propósito*

Desde os Dez Mandamentos até a lista dos Top 10 de David Letterman, os seres humanos sempre gostaram de fazer listas. Listas de convidados, listas de tarefas, listas dos mais bem vestidos, listas de *best-sellers* são apenas alguns dos exemplos na lista das listas. No entanto, apenas uma lista mantém uma pontuação na corrida do capitalismo: a Fortune 500, a lista anual que estabelece o *ranking* das 500 maiores empresas dos Estados Unidos.

Criada em 1955 pelos editores da revista *Fortune* como recurso interno para que escritores e colunistas soubessem em quais empresas se concentrar, a Fortune 500 é uma lista para se entrar e permanecer. Ela deveria destacar as mudanças e tendências que estão remodelando a América corporativa hoje.

E é exatamente por esse motivo que perdeu sentido.

28   O PROPÓSITO

A Fortune 500 surgiu em 1955, época de prosperidade e otimismo nos Estados Unidos. Os negócios estavam a todo vapor e colocava-se a geração de valor para os acionistas em primeiro lugar. A busca por receita e lucro a qualquer custo ajudou empresas como a GM, a Exxon Mobil e o Walmart a se estabelecerem – as únicas três empresas a chegarem ao primeiro lugar da lista.[1] Ainda assim, o sonho americano prometia que você poderia fazer parte da lista se os resultados fossem o único foco de seu negócio.

Infelizmente, quando você se concentra somente em obter resultados, entra numa corrida às cegas. E estamos em época de obstáculos. O Gallup-Healthways Well-Being Index, índice que reúne dados de entrevistas diárias com mais de 1.000 indivíduos adultos desde 2008, demonstra que os americanos sentem-se pior em relação a seus empregos hoje do que em qualquer outro momento da história. O Instituto de Pesquisa Gallup também relata que 71% da força de trabalho americana está desengajada e que 25% desse grupo é o que denominam de *CAVE-dwellers*.[2] Trata-se de um acrônimo, aproveitando a expressão "residentes de cavernas" para conceituar o comportamento desses trabalhadores, que seriam "sempre contra praticamente tudo" (em inglês, "consistently against virtually everything"). Acrescentando os 10% de desemprego a esses percentuais, temos uma Nova Grande Depressão – uma época em que a maior parte das pessoas no mundo dos negócios tem empregos que são responsáveis pelo apequenamento de seus espíritos.

É hora de uma nova lista, de uma nova definição de *sucesso* – e de uma nova maneira de mensurá-lo. Precisamos de uma "Purpose 500" (Propósito 500), elencando as empresas que estão obtendo bons desempenhos fazendo o bem – pois essas serão as empresas que trarão os negócios para o bem.

O autor Jim Collins ficou famoso nos anos 1990 por seu manual de gestão e manifesto pela excelência gerencial. Se o livro dele foi intitulado *Empresas feitas para vencer*, o livro sobre as empresas do futuro poderia se chamar *Empreendendo o bem*, uma história de empresas que prosperam de acordo com o bem que fazem no mundo.

De Bens de Consumo ao Consumo do Bem

Uma citação famosa do filósofo Aristóteles afirma que na intersecção dos talentos do indivíduo com as necessidades do mundo é que se encontra a sua vocação (do latim *vocare*, que significa "chamar"[3]). A história de William Procter e James Gamble prova que o grego tinha razão. William Procter nasceu em Herefordshire, na Inglaterra, em 1801, e trabalhou como aprendiz numa manufatura de velas. Empreendedor nato, começou a vender produtos não perecíveis e abriu uma loja em Londres – somente para ser roubado pouco tempo depois. Com uma dívida enorme, mas com determinação maior ainda, ele e sua mulher emigraram para os Estados Unidos em busca de um recomeço. No entanto, a mulher de William adoeceu e morreu pouco tempo após a chegada deles a Cincinnati.

Com seu sonho agora distante, William aceitou um emprego em um banco. Rapidamente, contudo, reconheceu uma oportunidade única ao saber que muitas das velas usadas em Cincinnati eram despachadas da Filadélfia a um custo altíssimo. Com seu *insight* e a experiência anterior como aprendiz, decidiu iniciar um negócio no ramo de velas para quitar sua dívida. Cincinnati era um ótimo lugar para se produzir velas; a gordura e os derivados do óleo estavam amplamente disponíveis em função do grande número de abatedouros da cidade. Pouco tempo depois de iniciar seu negócio, William Procter casou-se com uma nativa de Cincinnati chamada Olivia Norris.

James Gamble nasceu em Graan, na Irlanda, em 1803, e emigrou para os Estados Unidos com sua família em 1819 por conta da depressão generalizada nas Ilhas Britânicas após as Guerras Napoleônicas. Eles estavam se dirigindo a Shawneetown, Illinois, mas James, então com 16 anos, ficou muito doente durante a travessia de barco pelo rio de mesmo nome, por isso, sua família resolveu desembarcar em Cincinnati e ali se estabeleceu.

Aos 18 anos, James se tornou aprendiz de um fabricante de sabão, e em 1828 abriu sua própria loja. Então, casou-se com ninguém menos que Elizabeth Ann Norris, irmã de Olivia.

O PROPÓSITO

Alexander Norris, pai das moças, incentivou o estabelecimento de uma parceria entre os genros. Ambos competiam pelos mesmos derivados dos abatedouros para a produção de sabão e de vela, então, fundaram a Procter & Gamble (P&G), em 1837.

Agora, a melhor parte.

Trabalhando incansavelmente, "queimando a vela pelas duas pontas" (expressão cunhada muito antes, nos anos 1600), o inglês e o irlandês construíram um excelente negócio, e em 1859 já tinham atingido a marca de 1 milhão de dólares em vendas.

Durante a Guerra Civil, a P&G ganhou contratos com o Exército da União para fornecer velas e sabão, o que ajudou o negócio crescente e expôs um número maior de pessoas à qualidade dos produtos da P&G. Em um mundo desigual, envolto em trevas e doença, dois homens ofereciam vela e sabão. Se foi um ato motivado por dinheiro ou por outro significado, é irrelevante. O simples fato é que, para James Gamble e William Procter, cuidar de negócios implicava um cuidado com o próximo. Além disso, num momento decisivo da guerra, eles encontraram a alquimia do bem – algo que poderia criar uma presença positiva.

"Melhorando a vida, perto de você" é o propósito da P&G hoje. O principal modo de a P&G cumprir esse propósito é por meio de marcas com valor e qualidade superiores. As marcas da P&G fazem parte da vida das pessoas. Tornam atividades cotidianas como a limpeza de casas e de banheiros mais fáceis e, em algumas ocasiões, até mesmo prazerosas. Fazem com que bilhões de pessoas, literalmente, tenham melhor aparência e sintam-se melhor todos os dias. Você vai descobrir que os frutos estão nas raízes de cada grande marca ou empresa entre aquelas de mais propósito (Purpose 500).

As empresas da Fortune 500 batalham pelo dinheiro. Entre as empresas Purpose 500, o dinheiro é resultado de as pessoas gostarem de fazer negócios com quem cuida bem delas.

Cuidando do Cuidador

A Graco, uma empresa do grupo Newell Rubbermaid com matriz em Atlanta, Geórgia, é o maior nome do mundo em produtos infantis.

O Propósito do Trabalho é Trabalhar pelo Propósito

Sua história de propósito, na verdade, é a própria definição de propósito: uma intenção que propicia uma contribuição. Como vamos ver, negócios sem propósito podem ter grandes lucros, mas marcas com propósito podem fazer uma grande diferença no mundo.

A história da Graco começa numa noite do verão de 1955, quando o Sr. C. Rex Thomas observava sua mulher lendo um livro enquanto seu bebê estava num balanço na varanda da casa. A Sra. Thomas estava sentada numa cadeira e havia engenhosamente amarrado uma corda ao balanço, o que permitia que balançasse o bebê e o acalmasse enquanto lia.

O Sr. Thomas imediatamente reconheceu que sua mulher havia encontrado um modo de ter um momento de paz enquanto distraía o bebê – e determinou-se a ajudá-la com isso. Descreveu a inovação de sua mulher para um colega, também funileiro, chamado Nate Saint, um verdadeiro talento da mecânica. Ele descobriu como desenvolver um produto que faria pela Sra. Thomas o que ela estava tentando fazer por si mesma.

Na mesma época, um amigo da igreja chamado Robert Cone estava procurando por um produto que sua empresa pudesse fabricar para alavancar os negócios. Contratou dois funileiros cujo trabalho conhecia: Thomas e Saint. Os três homens se reuniram e, antes do final do ano, haviam desenvolvido a versão mecânica da invenção manual da Sra. Thomas. Chamaram o invento de Swyngomatic.

As mães adoraram, uma vez que agora podiam ler um livro, comer ou tomar banho – isto é, podiam cuidar de si mesmas e, assim, cuidar melhor de seus bebês. A criação da cadeira de balanço Swyngomatic deu origem a um novo modelo de cuidados parentais, visto que foi o primeiro produto a permitir aos pais e mães algum tempo para eles mesmos.

A Graco nasceu dessa ideia simples – "cuidar de quem cuida deles" –, uma ideia que estava em suas origens, foi concebida com intenção e contribuiu com o mundo. Além disso, o propósito da empresa mudou a base de consumidores, de bebês para os pais, um mercado consideravelmente maior, e reformulou sua estratégia de aquisição de outras empresas. O volume de negócios aumentou em quase 50% em 18 meses. Atualmente, não se pode dizer que a marca Graco esteja balançando.

Propósito Traz Alegria ao Mundo

O arco, símbolo antigo e tradicional de grandes conquistas humanas, representa um desafio para qualquer organização, mesmo quando se trata dos Arcos Dourados do McDonald's. Acrescente-se a isso o desafio que o McDonald's enfrentava em 2008 – apesar de ser a marca mais divulgada do mundo, ainda que estivesse gastando muito com marketing, estava perdendo participação de mercado nos Estados Unidos. Os consumidores americanos não só tinham outras opções, mas a própria decisão de comer *fast-food* estava se tornando menos frequente para pais que buscavam uma nutrição melhor para suas famílias.

O McDonald's precisava de um novo rumo e, por isso, contrataram a BrightHouse.

Eu tive a oportunidade de me encontrar com Fred Turner, o cofundador do McDonald's, que se reuniu comigo durante uma hora em Las Vegas. Acompanhado por Neil Golden, diretor de marketing do McDonald's nos Estados Unidos, Turner (na casa dos 80 anos) me cumprimentou com um programa de uma banda de *jazz* de 1954 nas mãos. Ele havia tocado nessa banda juntamente com o cofundador do McDonald's, Ray Kroc, e a mulher com quem Kroc se casaria. Ele me disse: "Joey, isto pode ajudar com seu trabalho. Nós começamos nossa carreira juntos, como músicos de *jazz*".

Essa oferta foi música para meus ouvidos, pois sabia que o ponto de origem frequentemente guarda as sementes para o crescimento futuro.

De fato, os primórdios do McDonald's tinham a exuberância de uma sessão de *jazz*. A empresa era a batida, os funcionários eram o ritmo e o balcão era o palco onde a surpresa acontecia. "Todos nós éramos músicos interagindo com a plateia", relembra Turner.

O *insight* desse fundador sobre *jazz* levaria à percepção de que o McDonald's havia perdido seu toque especial – aquele elemento surpresa encontrado com frequência no *jazz*, em que um improviso repentino surpreende a plateia. Para chamar a atenção dos consumidores, nosso desafio era recuperar a alegria que fazia do McDonald's o que ele era: um lugar de comida surpreendentemente boa, de sorrisos e de refeições alegres. Como músicos de *jazz* inspirados pelo público e pela batida da música, o McDonald's voltou a improvisar com seus clientes.

Na gênese de toda organização há uma fagulha, como a que encontramos no caso do McDonald's, com a qual podemos aprender. Acesa pelos fundadores da empresa, a chama pode iluminar o caminho a ser trilhado. É o ponto de partida e a pedra fundamental para a descoberta do propósito, da direção da organização. Se isso for encontrado, o resto fluirá naturalmente.

Ao longo das 16 semanas seguintes aprendemos que o início do McDonald's havia se caracterizado por fornecer surpresa às famílias, mantendo uma promessa de consistência. E como o som de uma banda de *jazz*, os temas da família, e de tocar juntos, tornaram-se principais. O McDonald's é, na verdade, uma família, com membros em 119 países.

Há a família no restaurante e a família atrás do balcão. O trabalho, desse dia em diante, seria desenvolver uma versão mais verdadeira e mais moderna daquele objetivo estabelecido no primeiro dia de trabalho em 1955 – alegrar famílias.

É isso que levaria a organização à busca de uma refeição mais alegre, tirando o foco dos brinquedos e buscando a alegria. O McLanche Feliz havia transformado o McDonald's no maior distribuidor de brinquedos. Então, em uma das ações mais ousadas desde a criação do McLanche Feliz, o McDonald's começou a oferecer opções de salada de frutas com aveia e de frutas com castanhas, tornando-se o maior restaurante consumidor de maçãs nos Estados Unidos. Ao acrescentar frutas a cada McLanche Feliz, o McDonald's transformou propósito em prática.

Alegrando as famílias americanas, o McDonald's fez uma transição bem-sucedida de marca com um produto a ser vendido para uma posição com a qual as pessoas concordam e a qual apoiam. A alegria deu resultados positivos, tanto nos lucros como para as pessoas. As ações do McDonald's tiveram ascensão meteórica e a revista *Fortune* escalou o então diretor executivo (CEO) da empresa, Jim Skinner, na "seleção ideal" de executivos deles.

E, como seu cativante slogan declara, "amo muito tudo isso".

De Marca a Posição

Foram criadores de gado que deram início à identificação pela marca. Marcando o gado, os caubóis identificavam seu próprio rebanho. O marketing não fazia muito mais do que isso até recentemente. Informávamos nossos consumidores sobre nossas marcas e nossos produtos à venda.

A mídia estava consumindo os consumidores. Cerca de 7.500 mensagens nos bombardeavam diariamente com promessas de saúde, riqueza e fama. Esses ataques eram originários do que chamamos de marca, a encarnação de toda informação relacionada ao produto e que serve para criar associações e expectativas sobre ele. Mas marcas não são reais.

Até pouco tempo atrás, as marcas eram criadas por agências de publicidade para o *Homo consumens* – aquele que quer mais, que usa mais. Mas as organizações e as pessoas que elas atendem têm feito mais perguntas, e não somente as do tipo "quanto é?". A pergunta "por que devo comprar de você?" tem sido feita, e as pessoas estão tomando posições. Por isso, as marcas introduziram um algo a mais – propósito autêntico.

Se uma marca tem propósito, torna-se uma posição (ver Figura 1.1). Não compramos simplesmente um produto, aderimos a uma ideia, uma vez que simboliza algo maior. O código de barras carrega um código moral, um ponto de vista que compartilha de um senso de propósito maior. Posições são estabelecidas a partir de seu lugar de origem, e não de uma pesquisa de mercado para descobrir o que venderia bem. Posições são diferenciadas, criando a noção de não serem dispensáveis num mundo competitivo. Uma vez que todos nós queremos trabalhar numa empresa constituída por algo mais elevado, os empregados adquirem o papel de mensageiros da posição da empresa. Alianças se formam entre pessoas, e não mais contratos entre consumidores, e promete-se mais tranquilidade, mais cuidado e mais amor. Ações substituem anúncios, estimulando relacionamentos entre doadores e receptores em lugar de vendedores e compradores. As melhores marcas, aquelas que têm propósito, não compram mais espaço publicitário, pois criaram comunidades digitais.

FIGURA 1.1 Marca *versus* Tomada de Posição

Fonte: © BrightHouse. Ilustração de David Paprocki.

O mais empolgante, porém, é o modo como líderes inspirados por propósito são capazes de transformar seus associados, suas empresas e o mundo em uma verdadeira cultura, criando um lugar com atmosfera positiva.

As empresas Propósito 500 fazem do mundo um lugar melhor. Focam não somente em dividir lucros, mas também em repartir a responsabilidade por uma sociedade que funcione melhor. Isso significa reconhecer que todos no planeta são parte essencial de nosso propósito coletivo. No filme vencedor do Oscar *A Invenção de Hugo Cabret*, de Martin Scorsese, o personagem-título divide a perspectiva a seguir com sua amiga Isabel, na torre do relógio de uma estação de trem na Paris dos anos 1930: "Gosto de imaginar que o mundo é uma grande máquina. Você sabe, máquinas jamais têm peças sobrando, têm sempre o número exato e o tipo de peça de que precisam. Por isso, se o mundo todo é uma grande máquina, tenho de estar aqui por alguma razão. E isso quer dizer que você precisa estar aqui por alguma razão também".[4] É essa espécie de ser humano que compõe uma empresa de propósito.

Propósito encerra um capítulo para empresas do tipo Fortune 500 e inicia outro para organizações com propósito e disposição para firmar parcerias com a sociedade. "O jogo mudou", declarou o professor Rick Gilkey, pesquisador de neurociência no Departamento de Psiquiatria da Emory University e visionário da BrightHouse. "As pessoas não são motivadas por resultados. Tudo se resume ao fator humano – e o propósito é a força por trás disso. É o que mexe com nossas almas e nos inspira a fazer grandes coisas por longos períodos de tempo". Para essas organizações, capitalismo decorre do empreendedorismo humano e não da métrica do desempenho. É construído com pessoas, não consumidores. Com relacionamentos, não com transações. E tem a ver com o fato de se tornar a melhor empresa para o planeta, e não simplesmente no planeta.

Qual é o Propósito deste Capítulo?

- O propósito dos negócios não é simplesmente o de gerar valor, mas sim o de atribuir maior valor à vida das pessoas. Quando isso acontece, nossas empresas vão lucrar no curto prazo, na próxima década, e o mundo lucrará no longo prazo, no próximo século.
- O bem e a assistência são as novas formas de mercadoria e de serviço.
- Todo empreendimento humano hoje é um negócio.

Dicas de Propósito

- Parta da marca e tome uma posição.
- Transforme o propósito em prática.
- Quando o propósito guia, o lucro acompanha.

2

Liderança Inspirada por Propósito

Líderes seguem pessoas.

— Joey Reiman,
sobre liderança

O líder inspirado por propósito coloca o propósito em primeiro lugar. Para se tornar um líder assim, é necessário desejar *uma vida e uma carreira* significativas. Líderes inspirados por propósito não são motivados pelo monopólio de mercados nem pela ostentação de um escritório imponente; a vida não pode ser comprada, somente vivida.

A palavra *motivo* vem do latim *motivum*, que significa "causa em movimento".[1] Um motivo significativo funciona como verdadeiro motor que impulsiona a paixão do líder que tem propósito. A paixão é o melhor estímulo. Albert Einstein escreveu: "Somente quem se dedica de corpo e alma a uma causa pode ser um verdadeiro mestre. A excelência, pois, exige a pessoa por inteiro".[2]

O símbolo dos líderes da velha guarda era uma vara graduada utilizada para medir quanto terreno havia sido ganho ou perdido por seus empregados ou sua companhia. O símbolo do líder de propósito é a bússola, cujo objetivo é mantê-lo na direção certa. Sem propósito, os líderes ficam à deriva. Com propósito, conseguem orientar-se ao seu destino.

38   O PROPÓSITO

Líderes de propósito acreditam que todas as pessoas são igualmente importantes, e essa igualdade é a chave da solidariedade da empresa. Yvon Chouinard, entusiasta da natureza e fundador da Patagonia, uma empresa impulsionada por propósito, declarou em *Let My People Go Surfing* ["Deixe meus funcionários surfarem", não publicado no Brasil]: "A melhor liderança se dá por meio do exemplo. O escritório de Malinda e o meu são iguais aos dos demais, e sempre procuramos estar disponíveis. Não temos vagas especiais no estacionamento, tampouco os executivos do alto escalão; as melhores vagas são reservadas a carros com sistemas eficientes de consumo de combustível, independentemente de quem os dirija".[3] As pessoas querem admirar seus líderes; isso não significa que queiram ser menosprezadas por eles.

Na obra *Viagem ao Oriente*, do poeta e escritor teuto-suíço Hermann Hesse, uma das histórias favoritas de Bob McDonald, diretor executivo (CEO) da Procter & Gamble, conhecemos um líder de propósito por meio do personagem Leo. Ele aparenta ser um dos empregados durante a jornada e, nas palavras de Hesse, "fazia alegremente o trabalho, normalmente cantava e assoviava durante o trajeto, sendo visto quando necessário – o empregado ideal".[4] Ao longo da história, acompanhamos como o grupo consegue completar sua jornada com o serviço e a ajuda de Leo. Ao final da jornada, percebemos que, na realidade, Leo era o líder da expedição.

Líderes de propósito levam o significado a sério e sabem valorizar o trabalho, sem jamais torná-lo banal. Eles negociam esperanças e sonhos e sabem muito bem que precisam pensar grande se pretendem causar impacto global. Há uma história que permite ilustrar isso muito bem: reza a lenda que o fundador e diretor executivo da Sony, Akio Morita, havia se encontrado com um pequeno grupo de homens numa loja de departamentos incendiada, em Tóquio, na esteira da Segunda Guerra Mundial. Os assessores de Morita apresentaram uma estratégia para a construção de uma nova Sony, que faria da empresa a número 1 em tecnologia do Japão. Morita, entretanto, não via esse como o objetivo da empresa, e modificou a missão para fazer do *Japão o país* número 1 em tecnologia no mundo.[5]

A maior parte das organizações hoje tem gestão demais e liderança de menos. Líderes de propósito não administram, cativam. Eles não executam tarefas, lideram cruzadas. Suas marcas não são simples etiquetas, mas bandeiras que devem evocar o mesmo patriotismo que temos pelos países que habitamos. Tome como exemplo a bandeira de seu país e o logotipo de sua empresa. Como é possível que um logotipo provoque mais fervor e gere mais lealdade que as cores pátrias? Esses líderes querem alterar o funcionamento do planeta – ou, como Steve Jobs, da Apple, dizia, querem "fazer uma marca no universo".

Precisamos de mais Jobs

Se quisermos mais empregos, precisaremos de mais líderes como Steve Jobs. Enquanto esteve entre nós, Jobs criou um mundo que não havíamos conhecido antes, e com esse novo universo surgiram novas profissões e expressões criativas. A Apple e a Pixar animaram verdadeiras indústrias, criando empregos para milhares de pessoas e sonhos para milhões delas. Jobs autorizou uma geração global a pensar de maneira diferente. Sua mistura de precisão e paixão criou uma combustão corporativa criativa na Apple, dando origem à empresa mais valiosa da Terra e conseguindo o que os gregos consideravam a honra mais elevada, *kleos*: reconhecimento em sua própria época.[6]

Muito já foi escrito sobre outros líderes de propósito: sobre Herb Kelleher, da Southwest Airlines; John Mackey, da Whole Foods Market; Mark Zuckerberg, do Facebook; Jeffrey Immelt, da GE; Sergey Brin, do Google; Andrea Jung, da Avon; e Ben Cohen e Jerry Greenfield, da Ben & Jerry. Cada um desses indivíduos lidera, ativamente, com propósito; suas histórias são muito bem documentadas em incontáveis livros e inúmeros estudos de caso.

Minha intenção, no entanto, é apresentar um ilustre desconhecido – alguém que lidera uma empresa grande o suficiente para produzir impacto positivo em toda a sociedade, alguém com um alto comando do propósito, mas com um nome que você pode não reconhecer por causa de sua humildade.

A Parceria de Procter e Gamble

Conheci o diretor executivo da Procter & Gamble (P&G), Bob McDonald, na sala de reuniões localizada no 11º andar da maior empresa de produtos de consumo embalados do mundo, quando ele completava 32 anos de empresa. E suas primeiras palavras foram: "Propósito é o que faz desta empresa um sucesso há 175 anos".

Foi escoteiro, cadete na academia militar de West Point e Capitão da 82ª Divisão de Paraquedistas do Exército Americano, e juntou-se ao quadro da P&G porque o propósito e os valores da empresa – "melhorando a vida, perto de você" – eram similares aos seus.

Natural de Gary, estado de Indiana, Bob McDonald conta que sua formação incluiu "valores familiares, igreja aos domingos e pais inflexíveis quando se tratava de honra e dever". Complementa dizendo que "era avaliado pelo bem que fazia aos outros". Essas lições da juventude são claramente percebidas no tipo de empresa que ele administra – porque é desse modo que esse líder avalia suas marcas e seu pessoal.

Mirando a Lua e as Estrelas

Nas palavras de Bob McDonald, "West Point me ensinou que o caráter é a característica mais importante de um líder. Defino caráter como colocar sempre as necessidades da organização acima das suas próprias". Ele também aprendeu a escolher "o certo mais difícil em vez do errado mais fácil", frase citada no livro de orações dos cadetes de West Point.

Em West Point, McDonald sentava-se na segunda fileira, o que indicava que ele estava entre os melhores da classe. Formou-se em 13º lugar numa turma de 2.000 alunos, o que significa que foi um *Star Man*. Alcançar um posto entre os Top 5% da turma é um feito acompanhado da honra de poder usar cinco estrelas no colarinho. E, apesar de ter sido enviado a locais diversos como desertos, selvas e áreas cobertas de gelo, conseguiu concluir seu MBA.

Pode-se considerar, no entanto, que o maior teste para McDonald foi a administração da P&G. Ele e sua equipe de líderes são encarregados de fazer essa empresa de mais de US$ 80 bilhões crescer no ambiente econômico mais difícil das últimas décadas, enquanto, simultaneamente, investem para garantir crescimento futuro, especialmente nos mercados em desenvolvimento. É um equilíbrio difícil que, frequentemente, exige que ele e sua equipe façam o que ele aprendeu em West Point: escolher "o certo mais difícil em vez do errado mais fácil".

P&G no Mundo

A Pampers é um exemplo de propósito. Surgiu como uma fralda descartável, mas acabou por se tornar indispensável para a sociedade. Uma marca com propósito não mais se destaca por um ponto de diferença, mas por um ponto de vista. Até hoje a Pampers arrecadou fundos para mais de 300 milhões de doses de vacinas, protegendo 100 milhões de mães e seus bebês em 32 países. O programa "1 pacote = 1 vacina" ajudou a eliminar o tétano materno e neonatal em oito países, incluindo Uganda e Myanmar.

McDonald está confiante de que, devido aos esforços conjuntos da P&G e do Unicef, o tétano neonatal estará praticamente erradicado até 2015, alvo estabelecido pelo Unicef e pela Organização Mundial da Saúde (OMS).

A partir da marca geral P&G, marcas individuais acrescentam pontos de vista aos pontos de diferença delas, um a um. Aproximadamente 40% do comércio mundial é feito por empresas multinacionais como a P&G. Em conjunto, elas têm vendas anuais que ultrapassam o PIB de mais de um terço dos países do mundo. E, segundo Bob McDonald, "isso nos incumbe da responsabilidade de fazer mais e, ao mesmo tempo, é uma oportunidade para realizar mais".

Estamos vendo marcas líderes desenvolverem pontos de vista também. O ponto de vista dos produtos de higiene pessoal masculinos Old Spice é o de que a marca deve ajudar os homens a administrar sua masculinidade. A marca de papel toalha e guardanapos Bounty considera seu papel lidar com a desordem criada pelos excessos da própria vida.

E a marca de produtos de higiene feminina Always, entre outras iniciativas, ensina meninas no Quênia sobre menstruação a fim de mantê-las na escola. O ponto de diferença do desodorante Secret é não temer o suor, e o ponto de vista é ajudar as mulheres a serem mais destemidas em suas vidas.

O Sabão Tide (no Brasil originalmente comercializado com a marca Ace) transforma seu ponto de vista em ação por meio de seu programa itinerante chamado "Loads of Hope" (algo como "Lavanderias da Esperança"). As lavanderias móveis de Tide viajam pelos Estados Unidos, deixando roupas limpas e conforto para as pessoas durante tempos difíceis. Em ação há mais de três anos, o trabalho teve início com a jornada a Nova Orleans depois do Furacão Katrina, e, sem cobrar nada por isso, Tide lava e seca a roupa de milhares de famílias que precisam de ajuda. Algo aparentemente tão simples, e que na maioria das vezes passa despercebido em casos de desastres – ter roupas limpas –, pode fazer uma diferença gigantesca na vida daqueles afetados pela tragédia. Aproveitando seu talento – o da limpeza –, Tide transformou isso em missão.

O fato, segundo McDonald, é que "o propósito atrai as pessoas". Para provar isso, a empresa contratou a empresa Millward Brown, especializada em pesquisas, para realizar um estudo global sobre os atributos-chave das melhores marcas. McDonald e eu ficamos entusiasmados com os resultados. Eis uma citação da pesquisa realizada em 2007:

> As melhores marcas transcendem segmentos de mercado consumidor e mercados regionais e estabelecem suas marcas em valores universais. Elas criam e ocupam um espaço mental que ultrapassa o produto ou a categoria. Elas servem a um propósito maior.

"Propósitos criam tamanho significado que empregos se transformam em vocações", exalta McDonald. "E isto porque os propósitos são óbvios. E quando você encontra uma obviedade no mundo de hoje é fácil fugir dela. Mas não fuja."

A verdade se torna um tema recorrente em nossa conversa. A autenticidade é essencial para que o propósito se sustente no mundo dos negócios. Você aprende rapidamente que, se seu propósito não é autêntico – se não acompanha o *ethos* da empresa –, não servirá à organização. Com muita frequência, profissionais de marketing formulam o propósito de uma marca com base no que imaginam que o mercado quer. E o que o mercado quer é honestidade e autenticidade. Quando é real, as pessoas sabem, sentem e compram.

Líderes de Propósito Inspiram Propósito

Amicus curiae é uma expressão latina que quer dizer "amigo da corte"[7] – o conselheiro de confiança do rei. Peço aos líderes durante nossas conversas que imaginem quem essas pessoas poderiam ser. Perguntei a Bob McDonald quem ele imaginava na Sala de Reunião do Conselho, aconselhando e supervisionando sua administração de propósito. Ele respondeu: "Deng Xiaoping. Quando você visita a China e a Cidade Proibida, você pensa em Mao. Mas Deng tirou mais pessoas da pobreza do que qualquer outro líder no planeta". Diante dele iria se sentar Lee Kuan Yew, o primeiro líder da República de Cingapura: "Ele estava disposto a fazer o que fosse preciso para servir o próximo". E, ao meu lado, o ex-secretário de Estado Henry Kissinger, que McDonald afirma ser o "cara para quem no final é vencer ou vencer". Ele relembra a reunião épica entre Kissinger e Zhou Enlai em que Kissinger, o estadista, diz ao primeiro-ministro chinês: "Não vamos fazer o mundo tremer; vamos construí-lo".[8]

Líderes de Propósito Acreditam em Seus Sonhos

A peça favorita de McDonald é *O Homem de La Mancha*, baseada na obra de Miguel de Cervantes. É a história de um homem que coloca uma velha armadura enferrujada, convencido de ser um cavaleiro, e se autodenomina Dom Quixote de la Mancha. Ele não via o mundo como ele era, mas como deveria ser – um mundo de gestos atenciosos e nobres e sonhos impossíveis.

McDonald acredita que o nosso mundo, o real, deveria ser assim. E que toda e qualquer empresa tem um papel importante para torná-lo assim. Desenvolvendo produtos que melhoram a vida das pessoas, as empresas podem fazer do mundo um lugar melhor e mais seguro. Seja um sabonete que ajude a salvaguardar as crianças, um sabão que ajude a enfrentar a maré ruim do desastre, ou um desodorante que aponte que o mal não cheira bem, o sonho de um propósito maior nos negócios já virou realidade.

Apostando no Propósito

Ao conhecer Rilla Delorier, o que chama atenção em primeiro lugar são sua estatura de 1,80 m, seu porte atlético e sua confiança. Ela é claramente competitiva – resultado não somente do seu passado de jogadora de vôlei na faculdade, mas também de seu desejo de ser bem-sucedida no mundo dos negócios.

O amplo escritório dela, num canto de destaque no andar executivo do edifício do SunTrust Plaza em Atlanta, na Geórgia, tinha seu toque pessoal, com produções artísticas de suas duas filhas pequenas.

Apontada como uma das mulheres em ascensão mais poderosas no mundo dos bancos, ela estava apostando seu sucesso em atribuir maior significado a sua organização. "Queremos fazer um trabalho nobre." Esse é um desafio, à medida que banqueiros não são vistos como um dos grupos de pessoas que se importam com os outros. Mas amei a visão e a lógica dela: quanto maior o cuidado demonstrado por um banco com o que é nele depositado, menor é a probabilidade de que você queira deixar de ser cliente dele.

"Adoro uma música de Bob Sima que fala de como as pessoas se lembram de como você as faz sentir". Ela disse que tenta se lembrar disso ao treinar funcionários para os encontros que têm com clientes.

"Comprar uma casa, poupar dinheiro para a faculdade ou para a aposentadoria, ou ainda lidar com uma doença, com a perda de um emprego, com um divórcio, com pais que estão envelhecendo, são todas situações em que as pessoas precisam de alguém que as escute, alguém em quem confiar, e alguém que as encoraje a tomar as medidas necessárias. Queremos ser esse alguém."

Delorier acredita que os esforços recentes de transformação da empresa precisam ter *múltiplos propósitos*, pois as expectativas dela são de que o trabalho fortaleça a posição dos 28 mil associados do SunTrust, inspire clientes em mais de 1.650 localidades diferentes e aumente o lucro líquido anual em US$ 250 milhões (ou US$ 180 bilhões em ativos) e o valor das ações.

Ela também redefiniu o papel do diretor executivo de marketing. Considera que esse papel deva ser não somente de construir uma marca, mas de revolucionar toda a indústria. Ela queria que a nova plataforma do SunTrust elevasse o papel de todo o setor bancário, ajudando os bancos a transformar a vida das pessoas, em vez de simplesmente fechar transações.

No início, o ancestral corporativo do SunTrust, a Trust Company of Georgia, fundada em 1891, destinava-se a ajudar empresas muito pequenas, como a Coca-Cola e a Disney, empresas que eram pequenas na época. E é aqui que o *ethos* do banco e a alma dessa executiva se cruzam.

Na infância, Rilla Delorier não conseguia aprender a ler. Isso só mudou quando seu pai e um professor muito especial perceberam que ela era disléxica. Eles passaram incontáveis horas ajudando-a a transformar sua dificuldade de aprendizagem em uma nova habilidade.

Delorier apoia-se fortemente em sua inteligência emocional para conduzir o banco a um novo modo de pensar, para resolver problemas com um foco não exclusivamente funcional, considerando os resultados financeiros, mas também levando em conta os laços emocionais e sociais com clientes e funcionários, que, por sua vez, trarão resultados financeiros.

Com um MBA de Harvard, ela sabe a importância da geração de valor ao acionista e da rentabilidade. Ainda assim, ela acredita que o propósito pode ser o combustível motivador para levar os empregados a um novo nível de comprometimento e compaixão em seu papel e em cada troca com seus clientes. "É assim que organizações que prestam serviços podem melhorar o desempenho – conquistando os empregados e fazendo com que compreendam como podem fazer a maior diferença para nossos clientes."

46 O PROPÓSITO

Ela acrescenta que o propósito é o ingrediente que falta em muitos planos de negócios. "Contudo, é verdadeiramente o elemento mais importante para atrair empregados e clientes. As pessoas querem fazer negócios com empresas que respeitam e que sabem estar fazendo a sua parte. Os consumidores estão agindo com propósito; é de se esperar que as empresas incorporem isso a suas estratégias." Delorier e o SunTrust estão prestes a divulgar seu propósito por todo o sudoeste americano, num dos mais abrangentes programas do tipo nos Estados Unidos. "Estamos modificando como precisamos 'ser' como organização: mudando nossa missão, visão, valores e princípios para que fiquem alinhados a nosso propósito. E fazendo com que a experiência de nossos empregados reflita esses novos valores na prática." Eles adotaram o sistema *Ser-Fazer-Dizer*, que vou apresentar mais adiante. "Estamos também mudando nosso 'fazer' para atender nosso propósito, melhorando a experiência do cliente, alinhando nosso voluntariado com nosso engajamento na comunidade, além do foco de nossa filantropia." Quanto ao *dizer*, as propagandas do SunTrust e a nova articulação da marca vão focar uma mensagem de bem-estar financeiro.

"Fazer o certo e o necessário de forma audaciosa: essa é a transformação mais emocionante de que já fiz parte", afirma Delorier. Rilla, seu primeiro nome, significa "riacho murmurante" em alemão, um nome apropriado para essa líder cheia de propósito, calma e agradável num mar de banqueiros tentando manter suas instituições livres de tempestades.

Líder Nato

William A. Burke III à primeira vista não parece ser um líder inspirado por propósito. Com um MBA em sua caixa de ferramentas, começou como vendedor, visitando lojas de ferragem independentes nos estados "sal da terra" de Maine, New Hampshire e Vermont. Ele então trabalhou durante vinte anos na Black & Decker antes de ir para a Newell Rubbermaid, aonde chegou a presidente do Newell Professional Group, responsável por vendas anuais de mais de US$ 2 bilhões.

Burke parece feito de aço. Fui encontrá-lo em Nantucket, onde acabara de participar de uma prova de triatlo com sua filha Hailey, de 17 anos. Mas não se deixe enganar: o propósito está em sua caixa de ferramentas, com a qual construiu um império benevolente. Burke é mais herói do que simplesmente líder. As pessoas o colocariam num pedestal se não fosse a insistência dele mesmo em ser tratado como qualquer pessoa.

Conheci Burke após um trabalho sobre propósito que fiz na Graco. Ele chefiava o Grupo de Ferramentas e Ferragens das marcas comerciais Irwin, de ferramentas, e Lenox, de serras. Lembro-me de ele ter comentado ser muito fácil encontrar um propósito para a Graco, uma marca voltada para bebês, mas que para serras, conforme suas palavras, "não é tão fácil assim". No entanto, impressionado com os resultados da Graco, ele concordou em empreender a jornada – e em mudar o mundo, uma marca de cada vez.

A caixa de ferramentas da liderança com propósito

O propósito exige manutenção constante, o que fica mais fácil com as ferramentas adequadas à mão. A seguir está a lista de Burke.

Martele o propósito todos os dias

Propósito não é uma *questão de múltipla escolha*. É um compromisso diário e total que revela uma obrigação. É muito frequente encontrar marcas que consideram o propósito uma distração e não uma atração. Isso acontece quando os líderes não colocam, diariamente, o propósito na linha de frente de suas empresas. Burke afirma que "a Lenox vai mais longe todos os dias porque, de acordo com nosso propósito, *a paixão corta barreiras*. Esse sentimento impulsiona a organização. Na liderança por propósito, o que existe é uma proposta do tipo faça você mesmo". **Seu propósito está conduzindo toda a comunicação com todos as partes interessadas em seu negócio? Está fazendo parte do diálogo com sua empresa?**

Fique firme em seus valores

Grandes líderes são impulsionados por valores nobres. Em muitos aspectos, você é o chefe de uma grande família e tem a obrigação de dar o exemplo. Seus valores mostram a seus associados como devem se comportar. Burke é o exemplo da liderança baseada em valores. Seu pai, sua mãe, seu avô e um irmão jesuíta foram fundamentais para a construção de seus valores.

"Queremos acreditar em algo, seja num poder superior, numa vocação ou num propósito", diz ele. "Quando se acredita, é possível *ter* *fé* para fazer coisas e atravessar tempos muito difíceis. Você precisa permanecer verdadeiro e manter a fé no que acredita e em que a vitória virá no longo prazo". **Quais são seus valores e o que você está fazendo para garantir que sejam assimilados?**

Revele seu talento

Uma liderança de propósito auxilia outros a encontrarem e executarem seus propósitos. Isso se refere tanto ao talento de sua empresa como ao de cada associado, individualmente. Burke decidiu então unificar unidades de negócios díspares, com pessoas dos mais diversos lugares do mundo, e criar o rolo compressor chamado Irwin. "Assistir a tantas pessoas que não tinham história ou legado com a Irwin formarem um grupo coeso teve tudo a ver com propósito."

Quase metade das vendas da Irwin ocorre fora dos Estados Unidos, mas o propósito fala várias línguas. É uma verdade humana, e, como tal, ele atravessa fronteiras. Isto é, ele atesta o fato de que, se você deposita tudo de si em seu trabalho, a glória será sua. É isso que tem garantido a liderança da Irwin na indústria. **O que você tem feito para revelar os talentos de seus associados e de suas marcas?**

Mantenha a organização unida

Líderes de propósito focam o alinhamento. Estão constantemente estreitando a relação entre ideais, valores e objetivos da empresa. Desse modo, estamos todos construindo a mesma organização com propósito.

Liderança Inspirada por Propósito

"O trabalho do propósito permitiu que equipe e negócios utilizassem isso e criassem valores norteadores." Isso permitiu que um foco mais nítido fosse estabelecido e que uma cultura mais forte fosse construída, com a qual todos se identificassem. A *Master Idea* de que "sob nosso escudo funciona melhor" era autêntica para o escudo que servia de logotipo à Rubbermaid Produtos Comerciais (RCP – Rubbermaid Commercial Products). No papel, a RCP é a marca líder de vendas em produtos para os setores de limpeza geral, manutenção, hotelaria e produtos para instalações específicas, como os carrinhos amarelos utilizados por trabalhadores de limpeza em shoppings e aeroportos. É um escudo a ser usado com propósito por aqueles que fazem do nosso mundo um lugar mais belo: "Isso é o âmago do que fazemos e do que representamos", diz Burke. "O propósito começou como uma fagulha, que se tornou um fogaréu e iluminou o caminho a ser trilhado pela RCP". **De que maneira você está criando engajamento e alinhamento para sua organização?**

Avalie o propósito

Empregados querem saber o que seus líderes valorizam e como serão avaliados. Embora trabalhar com propósito já seja, por si só, compensador, ser reconhecido por isso ajuda a construir um comportamento com propósito. Um líder com propósito é fiel a suas crenças, é transparente, autêntico, e é apaixonado pelo que faz.

"Avalio o propósito por meio do engajamento da força de trabalho", diz Burke. Os níveis de engajamento na Lenox estão entre os mais elevados em toda a organização Newell Rubbermaid. E as duas marcas de ferramentas tiveram crescimento da ordem de dois dígitos depois da implementação do propósito. **O nível de engajamento dos seus empregados está à altura?**

As Leis de Burke

- **Contrate pessoas com propósito.** Os associados deveriam incorporar o propósito tanto em suas vidas profissionais como pessoais.
- **Crie comprometimento e alinhamento.** Todos os interessados precisam saber o que e para quem estão vendendo.

- **Aprimore-se continuamente.** Amplie seu pensamento sobre seu propósito e seu papel no mundo.
- **Use o propósito como um prisma.** O propósito guiará seu crescimento e seu processo decisório.
- **Descentralize.** O propósito tem uma energia organizadora que, no entanto, não implica centralização.
- **Lucre de uma maneira consistente com o propósito.**
- **Tenha fé no propósito.** Quando você tem propósito, você tem fé. Quando você não acredita, as pessoas à sua volta não acreditam e as coisas não dão certo.

Perguntei a Burke o que vinha a seguir e se ele tinha uma música favorita. Ele respondeu às duas perguntas com uma resposta: a música "Fly Me to the Moon" (Leve-me para a Lua), de Frank Sinatra, porque representa ambição, ousadia e sonho. Testemunhei isso em primeira mão quando Burke mostrou seus filmes de propósito a analistas de Wall Street. "Eles adoraram", disse Burke.

Perguntei a ele, então: "Se você não fosse um líder em sua indústria, que profissão escolheria?".

"Eu seria um padre", respondeu o diplomado da Loyola University. De uma forma ou de outra, os concorrentes de Burke não têm vez.

Davis em um Mundo de Golias

Essas histórias ilustram as três características da liderança de propósito: fé, família e coragem. A fé nos capacita para a grandeza. Os que crescem acreditando em algo maior vão alcançar algo maior. Todos põem a família em primeiro lugar. Qualidades como ser afetuoso, atencioso e respeitoso devem servir não apenas a nossos relacionamentos mais próximos. Finalmente, fiquei impressionado com o vívido destemor desses líderes ao falarem sobre os negócios encampando os desafios sociais.

Como Davi na fábula de Davi e Golias, eles estão dispostos a enfrentar os gigantescos problemas do mundo. Em vez de um estilingue, eles conduzem suas organizações inspiradas por propósito, e, no lugar de um saco de pedras, portam valores sólidos como rochas.

Os três compartilham ainda algo incomum no ambiente empresarial, priorizando vocações elevadas em vez de ganhos mais elevados: eles não temem colocar o propósito em primeiro lugar. E eles não vão se acovardar diante de críticos e cínicos. Grandes líderes não evitam o mal, eles fazem o bem.

Os melhores analistas financeiros esquadrinham as ruas em busca de exemplos de desempenho econômico, mas a próxima geração de empresários do mundo todo está buscando, além disso, modelos de liderança de propósito.

Os três exemplos citados e os muitos mais que nos acompanham em *Propósito* provam que é possível ter ambos. Eles são os formidáveis defensores do propósito e os campeões do moderno mundo dos negócios.

Lista de livros recomendados por Bob McDonald:

- COLLINS, James C.; PORRAS, Jerry I. *Feitas para durar*, São Paulo: Rocco, 2007.
- RUGGERO, Ed.; HALEY, Dennis. *The leader's compass*. Academy Leadership Publishing, 2005.
- TICHY, Noel. *O motor da liderança*. São Paulo: Educator, 1999.
- BLANCHARD, Ken; O'CONNOR, Michael. *Managing by values* 2nd ed. Berrett Koehler Publishers, 2003.
- FRANKL, Viktor E. *Em busca de sentido*. Petrópolis: Editora Vozes, 1991.

Qual é o Propósito deste Capítulo?

- Líderes são o núcleo moral de uma empresa.
- Marca e propósito não mais se distinguem por um ponto de diferença, mas por um ponto de vista.

- Os produtos mais valiosos do mercado são a honestidade e a autenticidade.

Dicas de Propósito

- Lidere com propósito.
- Não administre; cative.
- Não execute tarefas; lidere cruzadas.

3

A *Master Idea*

Algumas ideias são maiores que outras.

—- Joey Reiman,
sobre ideias

Minha melhor ideia nasceu de um propósito natural para qualquer mãe: proteger e inspirar o espírito de seu filho. Minha consultoria chama-se BrightHouse (Casa Brilhante) por causa dela. Quando eu tinha 8 anos ela construiu uma White House [Casa Branca, residência do presidente dos Estados Unidos] de brinquedo para mim e disse: "Um dia, Joey, você vai trabalhar na verdadeira – talvez como presidente".

Não me tornei presidente dos EUA, mas tornei-me líder de uma organização cujo foco principal é ajudar empresas a atingirem sucesso comercial por meio de valor social. Consegui me libertar do mundo arcaico da publicidade tradicional para criar a primeira empresa de *ideação* no mundo – e comecei a ganhar a vida *pensando*.

Algumas Ideias São Maiores Que Outras

Pouco tempo depois de ter criado a BrightHouse, ganhei de presente um livro escrito por Theodore Roszak, professor da Cal State em

East Bay. Depois de ler os comentários de Roszak sobre o tema das ideias, tive uma inspiração reveladora.

Roszak denomina certas ideias de "*Master Ideas* – ensinamentos grandiosos, morais, religiosos e metafísicos que são fundamentos da cultura".[1] Ele acredita que ocupamos nossa mente com tanta informação, que isso obscurece nosso pensamento, no entanto, subjacentes ao pensamento cotidiano estariam as ideias que nos formam. As *Master Ideas* não se baseiam em fatos, mas na convicção de que o pensamento mexe com a alma.

Essas ideias chegam até nós na forma de afirmações poderosas como "Deus é amor", "Todos os homens são criados iguais" e "Nós vamos superar". Conceitos poderosos assim não são passíveis de comprovação, mas desafiam crenças estabelecidas e iluminam nossa existência. Uma *Master Idea* é um propósito com significado. É um lumiar que se origina no *ethos* de uma organização, aponta um caminho superior, inspira, serve de guia e protege. E, ainda mais importante, uma *Master Idea* incute significado nos seres humanos.

As *Master Ideas* podem fazer exatamente o mesmo para as organizações. Possuem o poder vital e revigorante de elevar empresas e seus funcionários, e, por meio do trabalho realizado, até mesmo elevar o mundo.

Empresas que empregam indivíduos com propósito criam mais compromisso, mais dinheiro e mais ideias. Organizações construídas sobre *Master Ideas* são repletas de pessoas que agem mais como voluntários defendendo uma causa do que como empregados interessados em um contracheque. Líderes de empresas assim não se perguntam, simplesmente: "O que não me deixa dormir?". Eles também se perguntam: "O que faz com que eu queira sair da cama de manhã?". As empresas e as marcas que são impulsionadas pela presença marcante da *Master Idea* são as que estão reestruturando o funcionamento dos negócios e a vida em sociedade.

Do mesmo modo que *Master Ideas* expandiram nosso modo de pensar e nossa compreensão do mundo em geral, elas também expandiram a esfera de atuação dos negócios por meio do cuidado com todos os interessados no processo. As empresas dessa nova era têm somente um cliente: a sociedade.

A *Master Idea* **55**

Além disso, Roszak cita duas características decisivas de uma *Master Idea*: deve ser contagiosa e duradoura. *"Master Ideas* não vêm e vão", diz ele. "Elas vêm e permanecem. É maravilhoso quando as pessoas ouvem as *Master Ideas* e as incorporam a suas vidas imediatamente, o que ocorre com frequência".[2]

Os lucros são o meio de sobrevivência de uma empresa no mundo dos negócios e resultam de uma execução eficaz. A *Master Idea* é a força propulsora por trás da execução. Ela filtra o que é grande numa organização e transmite a cada associado essa mesma grandeza. Quando propósito e negócios se unem, as empresas percebem um novo ROI: retorno sobre *inspiração*. A empresa mais inspiradora do mundo também é a mais valiosa. Por exemplo: em 2012, o valor de capitalização da Apple foi avaliado em US$ 465 bilhões.[3]

Princípios da *Master Idea*

Após trabalhar para trazer propósito para as empresas e marcas mais famosas do mundo, identifiquei nove princípios-chave das *Master Ideas* no mundo corporativo. São esses os critérios que usamos para construir uma *Master Idea*. Cada princípio é exemplificado a seguir, e a *Master Idea* combina todos os nove.

1. **A *Master Idea* é atemporal.** *Master Ideas* são verdades. Enquanto os fatos, assim como o posicionamento de sua marca, podem mudar ao longo do tempo, uma verdade não muda. *Master Ideas* atravessam gerações, fundindo o passado de uma organização com seus objetivos e expectativas para o futuro. Independentemente de seu crescimento meteórico, a *Master Idea* do Google de "Não ser nocivo" fornece tanto diretriz como parâmetros de segurança para a empresa.[4]

2. **A *Master Idea* ensina.** As melhores ideias do mundo nos fazem melhores. Elas expandem nosso pensamento, proporcionando lições. O fundador e diretor executivo da Starbucks, Howard Schultz, ensinou ao mundo uma nova linguagem para o café e redefiniu o papel do garçom. O barista se torna a estrela

("star", em inglês) e o dinheiro ("bucks", em inglês) jorra. Quando este livro foi publicado, a empresa ostentava mais de 87 mil combinações diferentes de drinques; e esse efeito estimulante da cafeína agrada desde os produtores do grão até os contadores.[5]

3. **A _Master Idea_ satisfaz.** A _Master Idea_ satisfaz um desejo fundamental em todos nós. Desde os níveis superiores de gerência até o chão de fábrica, as _Master Ideas_ acendem nossas paixões e nos inflam com a sensação de estarmos _vivos_. O chefe do setor de doações dos sapatos TOMS, Blake Mycoskie, toca nossa alma. Para cada compra de um TOMS, um par de sapatos é doado a alguém que precisa. A TOMS, agora uma das empresas de calçados que mais cresce no mundo, é conhecida por seu propósito: "Sapatos para um amanhã melhor".[6]

4. **A _Master Idea_ é um grito de guerra.** As _Master Ideas_ são ordens de comando. Em 1914, Thomas Watson Sr., fundador da IBM, acrescenta o mantra "THINK" ("PENSE") a sua marca. Quase um século mais tarde, o líder da Apple, Steve Jobs, retruca com seu "Think _different_" ("Pense diferente").[7] As _Master Ideas_ convocam-nos a seguir uma ambição coletiva. Embora nunca tenha sido pensada como slogan publicitário, a _Master Idea_ da Nike, "Just Do It" ("Simplesmente Faça"),[8] tem apelo não somente aos que desejam vencer uma corrida, mas para toda a raça humana.

5. **A _Master Idea_ é baseada em ethos.** Como o carvalho, que brota de uma bolota, grandes empresas crescem de sementes plantadas em seus primórdios. O _ethos_ é o nome da empresa. Richard Branson criou cada um dos empreendimentos Virgin com o _ethos_ de "novo em folha". Virgin Produced, empresa produtora de filmes; Virgin Unite, a organização de caridade do Virgin Group (Grupo Virgin); e Virgin Galactic, estabelecida no espaço sideral – todas elas, em conjunto, criam a "Virgin experience" (experiência Virgin).[9] Talvez o Virgin Government (Governo Virgin) venha a seguir.

6. **A _Master Idea_ é transformadora.** Do mesmo modo que reações químicas transformam todos os elementos envolvidos, as _Master Ideas_ criam uma mudança holística numa organização. A estratégia reposiciona as marcas do racional para o emocio-

A *Master Idea* **57**

nal, criando um propósito que afeta a organização como um todo. Inspirada por seu genial fundador e inventor Thomas Alva Edison, a General Electric (GE), com o apoio do diretor executivo Jeffrey Immelt e da vice-presidente da Aviation Systems, Lorraine Bolsinger[10], lançou uma iniciativa verde e reinventada de "ecoimaginação" que redirecionou o foco de toda a organização de melhor empresa da Terra para o de melhor empresa *para* a Terra.

7. A ***Master Idea*** **inspira.** A palavra *espírito* – sinônimo de *alma* – vem do latim *spiritus*, originalmente significando "fôlego".[11] As *Master Ideas* são um sopro de vida para as pessoas e para as organizações, fazendo com que marcas e empresas fiquem mais entusiasmadas por terem mais significado. As pessoas vão ao supermercado em busca de um produto; no entanto, vão à cadeia de produtos orgânicos Whole Foods Market em busca de *significado*. O diretor executivo John Mackey e a namorada tomaram US$ 45.000 emprestados para abrir uma loja de alimentos naturais chamada Safer Way em 1978. Como não conseguia mais armazenar comida em seu apartamento, ele se mudou para a loja. Dois anos depois, em sociedade com Craig Weller e Mark Skiles, ele inaugurou a Whole Foods Market, uma empresa cuja receita atual ultrapassa os US$ 10 bilhões.[12] Até a história é inspiradora.

8. A ***Master Idea*** **não nasce de dados, mas de convicção absoluta.** As *Master Ideas* são criadas não por pesquisa, mas pela busca por um sentido mais profundo. O visionário Walt Disney foi a centenas de bancos pedir um empréstimo que a maioria considerou ser péssima ideia. Neste ano, por meio de um amplo portfólio dos mais diversos meios e do e-commerce internacional, essa ideia vai gerar bilhões de dólares em receita.[13] A fé vence a informação. Como o novo mantra da multinacional de bens de consumo Unilever propõe: "Mais mágica, menos lógica".[14]

9. A ***Master Idea*** **conta uma história.** William Booth não tinha tempo de mandar um cartão de boas festas para os escritórios da empresa ao redor do mundo. Como líder de uma organização enxuta, Booth pesquisou a mensagem mais curta possível

que pudesse telegrafar a seus colaboradores. Ele usou uma única palavra como grito de guerra para inspirar seus associados, uma lição que dá sentido ao papel deles em sua organização há mais de 100 anos. E essa lição iniciou um exército – O Exército da Salvação. A palavra? "Outros."[15]

Uma Nova Narrativa para os Negócios

As *Master Ideas* estão criando uma nova narrativa para os negócios. É ao mesmo tempo a história do velho e do novo – da excelência operacional, com a métrica do desempenho, e da *excelência emocional*, com a métrica do humano.

Juntas, são a nova história dos negócios.

Líderes empresariais agora sabem que o poder de uma história pode engajar e informar as pessoas, tanto dentro como fora das organizações. De acordo com relatos, quando Steve Jobs e seus subordinados imediatos tentavam decidir se entravam ou não no ramo musical, todos os seus assistentes foram contra. Afinal de contas, aquele não era seu negócio principal. Jobs tinha apenas duas perguntas em relação aos protestos deles: (1) "A música será digital um dia?" e (2) "Os computadores são digitais?". A resposta dele foi o lançamento do iPod.

Se você já se reuniu ao redor de uma fogueira em um acampamento, sabe que o fogo verdadeiramente aproxima as pessoas e as incentiva a compartilhar histórias. Ainda que cercado por natureza selvagem, há uma sensação de segurança. As *Master Ideas* funcionam do mesmo modo: criam o fogo central da organização, ao redor do qual as pessoas se reúnem e dividem suas histórias. Fagulhas se espalham, e a corporação, antes fria, se aquece.

Declarações de Perdas e Lucros (P&L) podem relatar os lucros e perdas financeiros. No entanto, elas não contam o que as pessoas ganham ao relatar como conseguiram – como equipe, como empresa ou como uma unidade global – construir, criar, parar, ajudar, amar ou até mesmo perder. Investir em significado pode acabar dando resultados maiores que os esperados. O significado, em ação, *funciona*.

A *Master Idea*   **59**

Nossa busca por significado existe desde que o primeiro ser humano abriu os olhos. É algo que todos nós temos em comum. Então, se nossa busca por sentido é uma força essencial, por que temos de deixá-la de lado no trabalho?

Se pudéssemos levar o significado ao trabalho conosco – ou, melhor ainda, encontrar significado no trabalho –, as empresas encontrariam missionários nos elevadores, fariam descobertas nas salas de descanso e seriam beneficiadas por pensamentos inovadores. Haveria melhora, também, nos cargos de diretoria das empresas, visto que líderes sabe-tudo e de estilo durão são descartados. No lugar deles, a liderança de um ser humano verdadeiro, tanto no sentido moral quanto ético – um mentor, e não um carrasco.

Um negócio com uma *Master Idea* em seu âmago está equipado para um mundo difícil. Vence ao se voltar para os necessitados. A Pampers vacina crianças. O sabonete Safeguard as salvaguarda. A Lego as ajuda a construir. A Chrysler assumiu a responsabilidade de reconstruir sua cidade natal, Detroit. O Sabão Tide ajudou na limpeza após o Furacão Katrina. E a Paper Mate está tentando melhorar o mundo ao colocar uma caneta na mão de cada um.

A nova narrativa dos negócios começa com o propósito, conta a história dos lucros e encerra com as pessoas. O dinheiro se torna o meio para atingir um objetivo e não o objetivo em si.

"Em certo ponto na história, surge na mente de uns poucos pensadores moralmente inflamados essa ideia como uma resposta compassiva e desafiadora para condições de enorme injustiça que não poderiam mais ser aceitas como toleráveis", escreve Roszak.[16] E se as empresas pudessem aproveitar o poder dessas *Master Ideas*? Se esse fosse o caso, elas poderiam controlar seu próprio destino, reunir a energia intocada de seus colaboradores, aumentar os lucros e corrigir os males da sociedade.

Durante séculos, religiões e governos tentaram criar lendas e impor leis ao mundo com a esperança de melhorar a sociedade. Agora é a vez dos negócios. "Cuidar dos negócios" agora significa cuidar do mundo como um todo. As histórias de propósito deste livro ilustram exatamente esse cenário.

Qual é o Propósito deste Capítulo?

- As *Master Ideas* são as ideias mais importantes.
- As *Master Ideas* são verdades atemporais que não vêm e vão, mas vêm e ficam.
- O poder da história engaja as pessoas e as informa tanto dentro como fora das organizações.

Dicas de Propósito

- Descubra, articule e ative sua *Master Idea*.
- Crie uma narrativa para a sua marca.
- Compartilhe sua história com o mundo.

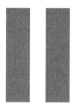

A Caixa-Preta da Estratégia

Em cada bolota, um carvalho; em cada começo, um propósito.
— Joey Reiman,
sobre a origem do propósito

Todos nós queremos atingir a excelência. Os gregos denominavam isso de felicidade. E o mistério da felicidade é a maestria. Lembre-se da primeira vez em que tentou andar de bicicleta. Você provavelmente passou a maior parte do tempo olhando para seus pés nos pedais. Mas, assim que dominou a técnica, pôde aproveitar o vento no rosto.

Antes de nos esmerarmos no desempenho, precisamos de *paixão* – e é aí que entra o propósito. O propósito cria a paixão, e é ela que nos sustenta na jornada para o que o eminente psicólogo Abraham Maslow chamou de autorrealização, para nos tornarmos tudo que podemos ser.

Os negócios e suas marcas também são passíveis de autorrealização. E a boa notícia é que isso leva bem menos tempo quando você tem um propósito. O caminho para o propósito leva 16 semanas, e as recompensas por empreender essa jornada podem durar para sempre.

A História por Trás da História

O começo contém informação essencial para o futuro. O *ethos* é um começo. A partir dele, cada negócio é lançado, cada marca é criada e a cultura corporativa é construída.

Ao longo do tempo, o *ethos* atrai pessoas com crenças comuns, ao que se denomina *cultura*. A cultura é a alma ou o espírito de uma organização. Quando a cultura está comprometida, há ansiedade corporativa e os associados temem por seu futuro. Culturas sadias, por outro lado, criam uma atmosfera de prosperidade.

Culturas positivas são mantidas por crenças nucleares denominadas *valores*. Esses valores são os pilares que sustentam a cultura e informam às pessoas como se comportar.

Em conjunto, *ethos*, cultura e valores compõem a "caixa-preta" da *estratégia*. Essa caixa informa, guia e acelera a estratégia, que é um plano de ação. O plano estratégico, então, é traduzido em *táticas* cotidianas.

A isso denominamos Elipse BrightHouse (ver Figura P.II.1), o tema da Parte II e roteiro para um lugar chamado Camelot.

FIGURA P.II.1   A Elipse da BrightHouse

Fonte: © BrightHouse. Ilustração de David Paprocki.

Ethos

Os Frutos Estão nas Raízes

As histórias surgem da palavra história.

— Joey Reiman,
sobre o *ethos*

Hoje, incontáveis são os casos de empresas que estão voltando a suas raízes para encontrar a origem de sua inspiração, distinção e alma. A presidente da Cinnabon, Kat Cole, declara: "O mesmo vale para os negócios. Na Cinnabon, nós acreditamos que 'A Vida Precisa de Cobertura'. Nós sabemos qual é nosso lugar no mundo e no mercado e temos orgulho disso. Nossos produtos mais famosos podem ser uma extravagância, mas eles são bons para o espírito. Todos precisam de uma recompensa de vez em quando, e temos clareza de que nosso propósito é ajudar as pessoas a cuidarem de si mesmas. Focamos o nosso propósito, e isso nos mantém diferenciados e no curso certo. Ter um senso claro de propósito ajuda os parceiros a permanecerem no foco e os impulsiona ao sucesso". Esses são os frutos que permitem que eles cresçam e prosperem, desde que permaneçam fiéis a seu verdadeiro propósito.

64   A CAIXA-PRETA DA ESTRATÉGIA

Toda organização tem potencial para encontrar poder indescritível em suas raízes – uma vez que é delas que as empresas e as marcas começam a crescer. Também é o local onde seu *ethos*, a característica fundadora da empresa, pode ser encontrado, e onde o sentimento matriz, a semente da organização, foi originalmente plantado. O diretor executivo do Boston Market, George Michel, observa: "Uma das lições que aprendi foi permanecer fiel ao formato original do Boston Chicken – lojas de dimensões menores em locais mais residenciais em vez de prédios independentes com janelas para *drive-thru*. Isso mudou o conceito de *fast casual* para *fast-food*." Michel acrescenta que "um local independente tem entre 300 e 350 metros quadrados. Mas nós não estamos mais procurando locais assim. Estamos voltando às nossas raízes".

É nas raízes que descobrimos e recuperamos o que torna nossa empresa única, poderosa e preciosa. Encontramos resposta para a questão: "O que nos comove em um mundo de mesmice?". É nessa raiz que o DNA da organização reside, onde o primeiro potencial surgiu e desabrochou, e onde se encontrava o que chamo de *excelência emocional* – a vitalidade organizacional que irradia de seu propósito original.

Com muita frequência as empresas, até mesmo as maiores, perdem o rumo e se esquecem daquilo que as fez grandes inicialmente. Muitos se esquecem de suas origens e não sabem como recuperá-las. Isso é fácil acontecer em um mundo que exige excelência operacional diariamente. Mas existe um preço a pagar por deixar o passado de sua empresa para trás e cortar a ligação dela com suas raízes. Quando você perde suas raízes, perde seu propósito e seu significado. Por outro lado, há recompensas para aqueles que buscam refazer essa ligação com as origens da empresa. Quando a identidade verdadeira da organização é redescoberta – o que ela representou um dia –, você ganha novo *insight* sobre as razões para a existência dela, sua essência, seu *porquê* – isto é, sua alma.

O *ethos* não muda ao longo do tempo. Descobrir o que vai tornar sua empresa ou sua marca verdadeiramente grande nos anos por vir é descobrir a história dela, seu *porquê*, e reconstruí-la a partir daí.

Com a busca global por significado no século XXI, de corporações a indivíduos, este trabalho pode servir de ajuda a todos. É um roteiro para uma volta a nossas raízes de modo a obter novos frutos para nosso trabalho.

Reconectar-se ao pensamento inicial, histórico e autêntico de sua empresa vai fertilizar, nutrir, restaurar e gerar resultados emocionais, intelectuais e financeiros sem precedentes. Um propósito autêntico promete ajudar líderes, organizações, empresas grandes e pequenas e profissionais de marketing a escavar os tesouros que estão localizados sob a superfície.

O Poder das Origens

A palavra *original* não significa "novo", mas, sim, "fonte". Como tal, o *ethos* busca a fonte de uma marca, empresa ou palavra.

É provável que você já tenha percebido que faço referência à etimologia das palavras para descobrir seu significado original. Isso se explica porque a história do propósito trata da escavação. Escavamos em busca do *porquê* de uma empresa ou marca existir, e palavras e símbolos guardam pistas valiosas para essa resposta. Por isso usamos a etimologia e os ideogramas como ferramentas. A palavra *etimologia* tem origem no grego *etymologia*, que significa "o estudo do verdadeiro significado de uma palavra."[1] Os ideogramas são símbolos gráficos que representam ideias ao longo da história. Combinados, esses instrumentos nos auxiliam a montar as peças do quebra-cabeça que por fim se tornará a *Master Idea* ou o propósito autêntico.

As origens nos contarão o que é especial em nós, em nossas empresas e marcas e o que as distinguia umas das outras. O *ethos* serve de fator de união entre o que era e o que pode ser, e é o que nos auxilia a reconciliar promessas passadas e futuras.

A MetLife Já Tocou Sua Vida?

A busca pelas origens permite que os seres humanos e as organizações criem as histórias instrutivas que buscamos. Uma história assim é a da National Union Life and Limb Insurance Company, fundada em 1863 por um grupo de empresários do distrito metropolitano chamado Cidade de Nova York. O grupo queria garantir aos soldados e marinheiros da

Guerra Civil que estariam seguros quando voltassem para casa. Essa garantia se tornaria a pedra fundadora do seguro e o *ethos* da recém-batizada Metropolitan Life Insurance Company.

Esse empreendimento benevolente rapidamente se tornou um nome conhecido, com agentes que visitavam seus clientes em casa, a fim de escutar sobre seus problemas, suas preocupações e suas esperanças para o futuro. Assegurar uma vida protegida, produtiva e feliz ajudou a MetLife a se tornar a maior vendedora de seguros de vida dos Estados Unidos.

Após mais de um século servindo o público, a empresa decidiu abrir seu capital. Para essa tarefa colossal, o conselho da MetLife designou o diretor executivo Robert H. Benmosche. Nessa época, encontrei-me com Benmosche em segredo em um *chateau* remoto em Tarrytown, Nova York. Sentamos a uma mesa, e a mágica começou.

Cheguei para conduzir Benmosche numa jornada para recuperar o Santo Graal da MetLife; ele estava ali para transformar a MetLife num rolo compressor financeiro. Ambos víamos oportunidade: ele a enxergava no futuro; eu a enxergava no passado. Ele estava focado na geração de valor para os acionistas, enquanto eu estava pensando em valores organizacionais. Nesse cruzamento, eu encontraria o modelo para construir um negócio inspirado por propósito.

A Empresa Privada Mais Rica do Mundo

Trabalhar com o propósito me permite conhecer as pessoas de uma empresa – da diretoria ao chão de fábrica. Mas meu lugar favorito com frequência é o subsolo, porque é onde os arquivos são guardados. O arquivista da MetLife fornece histórias comoventes sobre pessoas que se dedicavam a auxiliar as pessoas financeiramente, para que tivessem vida mais plena.

Durante a Segunda Guerra Mundial, a MetLife ofereceu benefícios a veteranos de guerra, apesar de eles não terem apólices da organização. Ainda em 1909, a MetLife anunciou: "Um seguro não é meramente uma proposta de negócios, mas um programa social".

Essa política daria forma à empresa e guiaria suas decisões. A MetLife tornou-se, então, a principal subscritora de programas de vacinação infantil, assim como uma forte defensora dos direitos das mulheres e de iniciativas para levar a igualdade ao local de trabalho. A empresa servia até refeições para seus empregados em sua sede, de modo a mostrar a benevolência e gratidão pelo papel de cuidado e incentivo que desempenhavam na vida das pessoas.

Talvez por isso ela tenha crescido e se tornado a maior empresa de capital privado nos Estados Unidos durante os anos 1940. A razão é simples: em paz ou na guerra, a MetLife recebia ordens de um comando superior: do *propósito*. Servir, guiar e curar, em última instância, fez com que construíssem uma organização focada em propósito que cativou as pessoas. E, no negócio do propósito, ser cativante é duradouro.

Garantindo uma Vida Plena

A MetLife continuou a fazer contribuições de propósito ao longo dos anos, apoiando o esforço de guerra, projetos de renovação urbana e financiamentos à comunidade. Embora seja oficialmente uma seguradora, a MetLife também promete aos detentores de suas apólices, extraoficialmente, uma vida significativa. Benmosche descreve isso dizendo: "Se damos liberdade financeira às pessoas, elas podem viver suas vidas de forma plena". O fato de um diretor executivo reconhecer que a verdadeira liberdade é descobrir seu eu mais verdadeiro é incrivelmente profundo.

Inspirados, construímos a *Master Idea* na forma de uma pergunta: "A MetLife já tocou sua vida?".

A MetLife alcançou sua visão quando se tornou uma empresa de capital aberto e, novamente, ficou entre as principais empresas do ramo. Estava fundamentado em seu propósito original: garantir uma vida de significado. Os segurados reagiram com vendas estrondosas, e os acionistas se beneficiaram do crescimento meteórico.

Benmosche consolidou o Traveler's Life & Annuity, adquirido do Citigroup, e entrou no ramo bancário de varejo para expandir ainda mais o alcance da MetLife. A MetLife foi indicada a Best Managed

68 A CAIXA-PRETA DA ESTRATÉGIA

Insurance Company (Empresa de Seguros mais bem Administrada) de 2008 e constou da lista da *Fortune* de empresas mais admiradas. Hoje em dia é a AIG, da qual Benmosche é atualmente diretor executivo, a maior empresa de seguros do mundo. Para mim, no entanto, a MetLife sempre será a primeira organização a se dar conta da necessidade de voltar ao passado para poder seguir adiante.

O trabalho que realizamos serviria de fundamento para as duas décadas seguintes de trabalho com propósito junto às melhores empresas do mundo. Em certo sentido, a empresa de Benmosche ajudou centenas de outras a "encontrar a vida" (trocadilho, em inglês, com o nome da empresa, MetLife) de uma forma inteiramente nova.

Retorne ao *Ethos* para um Retorno Maior

Fundada em 1932 baseada no princípio do "leg godt", expressão dinamarquesa para "jogar bem", a Lego já fabricou 600 bilhões de peças de montar. São cerca de 80 peças para cada ser humano no planeta. No entanto, montar a empresa nem sempre foi tão simples assim. Entre 1998 e 2004, a empresa entrou em declínio financeiro, uma vez que não era mais a única escolha disponível.

A Lego tentou recuperar espaço de mercado por meio da expansão para outros segmentos em que pudesse atingir famílias com crianças. Assim, roupas, relógios, livros e brinquedos que não eram de montar tiveram o aval da Lego para levar sua marca. Mas a expansão a novos segmentos, mesmo àqueles com potencial elevado, pode desviar empresas de seu *ethos* original. No caso da Lego, a empresa estava se afastando da construção clássica. E retornar ao *ethos* original pode ser a peça que faltava numa retomada.

Em 2005, a Lego voltou às raízes e lançou versões novas de brinquedos originais como o Castelo e a Cidade, que ajudam as crianças a desenvolver a imaginação. A Lego também se desvinculou de tudo que não tinha relação com seu negócio principal: brinquedos. A empresa licenciou *video games* para seus parceiros e vendeu seus parques temáticos.

Mais inspirador, no entanto, foi o modo como a Lego usou seu princípio original de *jogar bem* para reconstruir sua própria organização. Derrubando barreiras, formando equipes que colaboravam em diversas funções e trabalhando mais de perto com todas as partes interessadas importantes, como os varejistas, a Lego conseguiu jogar bem no mundo dos negócios de novo.

Em 2009, o lucro líquido da Lego alcançou 2.204.000 coroas dinamarquesas – aproximadamente US$ 372 milhões. Foi um aumento de 71% desde o retorno às origens, em 2006. Com apenas seis peças de 2 x 4, é possível criar 9.103.765 combinações, mas o bloco fundador do *ethos* é como a Lego inspirou toda uma nova geração a desenvolver sua imaginação.

Existimos *versus* Descobrimos

Quando fui convidado a ajudar a Procter & Gamble a construir seu novo propósito e sua campanha de marketing, os executivos da empresa me mostraram o modelo existente, o qual havia sido passado à equipe de marcas com a recomendação de que começasse com as palavras "Existimos para...". Essas palavras eram seguidas de "portanto" e "vamos". Todas as atividades da marca emanariam do "Existimos para...".

Dividirei com você a mesma advertência que dividi com algumas das melhores cabeças do marketing em Cincinnati: as pessoas não *existem* simplesmente. Portanto, tampouco marcas e empresas simplesmente existem. A palavra *corporação* na verdade deriva de *corpus*, a palavra latina para "corpo".[2] E, como nossos corpos, as organizações existem por uma razão, que criamos quando descobrimos algo significativo.

Ao contrário, se começarmos com a palavra "*Descobrimos*", nossa jornada de propósito torna-se mais autêntica, e nosso resultado, mais grandioso. Segue o exemplo da Calphalon, marca da Newell Rubbermaid.

Fui apresentado à presidente da Calphalon, na época Kristie Juster, depois que ela tinha assistido a um filme de propósito que havíamos criado para a marca irmã da Calphalon, a fabricante de produtos infantis

70 A CAIXA-PRETA DA ESTRATÉGIA

Graco. Do fundo do auditório ela se levantou e exclamou: "Quero fazer isso para o *meu* negócio!".

Com frequência, o propósito assume um teor de *revival* religioso; nós despertamos algo sagrado quando descobrimos o *ethos*. Até aquele ponto, a Calphalon, como tantas outras marcas, havia sido construída por meio do desenvolvimento de uma estratégia baseada nos benefícios do produto e em pesquisa de mercado. Então, como em um decreto, um informe de estratégia foi distribuído, o qual dizia aos profissionais de marketing e seus parceiros que "Existíamos para...".

A descoberta do *ethos* de uma organização mudou esse processo datado. Voltando ao começo da história, podemos prever melhor o próximo capítulo de nosso negócio. A história da Calphalon começa com um herói chamado Ron Kasperzak. Ele não somente foi o fundador da linha de panelas da Calphalon, mas era um típico *bon vivant* americano. Ele já tinha muita história para contar em Ohio bem antes de programas de TV como *The Galloping Gourmet* ("O Gourmet Galopante") surgirem em cena. Ao lado de Chuck Sonoma, da Williams-Sonoma, de Julia Child e outros, ajudou a lançar o movimento culinário nos Estados Unidos.

Descobrir esse *ethos* fez com que Juster repensasse o que a Calphalon tinha a oferecer. Concluiu que não era simplesmente uma linha de panelas, mas todo um estilo de vida. Dividir refeições era parte da vida de Kasperzak, além de ser a receita do sucesso da Calphalon.

Juster já tinha todos os ingredientes para o sucesso – uma história deliciosa, uma equipe no ponto, valores redescobertos e prontos para serem servidos e uma nova estratégia. Ela não estava vendendo panelas e caçarolas, mas continuava o movimento culinário iniciado por Kasperzak e que havia transformado a empresa no que ela era.

Depois dessa revelação, nossa equipe do propósito articulou a seguinte *Master Idea*: "O Apetite pela Vida é para ser Dividido".

A descoberta dessa *Master Idea* fez com que Juster repensasse o que a Calphalon tinha a oferecer, expandindo os negócios da empresa para categorias próximas como acessórios culinários, cutelaria e mesmo dispositivos elétricos. A Calphalon passou a vender não somente uma linha de panelas, mas toda uma experiência culinária. Isso se refletiu também no espaço de escritórios da marca: a sede, que até então tinha sido um andar de "panelas e caçarolas", tornou-se uma cozinha superequipada, instalada pela equipe de marcas. Eles estavam desenvolvendo novos produtos e serviços que ajudaram as pessoas a compartilhar comida e conversas ao redor da mesa e ao redor do mundo.

Começar com a descoberta permitiu que a equipe agora dissesse "Existimos" por uma razão autêntica. A descoberta do *ethos* da Calphalon tornou um processo insosso delicioso.

Visite Seu Arquivista Hoje Mesmo

Empresas e marcas frutíferas voltam a suas raízes para descobrir suas origens – e sua organização não é diferente. Você pode fazer o mesmo conversando com os jardineiros que cuidaram de sua organização quando estava apenas brotando. Visite seu arquivista. Em minha opinião, o arquivista é o novo super-herói na sua organização. Os arquivistas são os guardiões do *ethos* e da história. Os seus vão ajudá-lo a contar sua história.

A palavra *história* tem origem no latim *historia,* que quer dizer "relato, narrativa".[3]

Os arquivos guardados são tesouros cheios de relatos para inspirar e guiar sua organização. Phil Mooney, arquivista-chefe da Coca-Cola, acredita que o futuro da empresa está em sua história. "Voltar a nossas raízes permite que acreditemos e passemos a agir como mais do que um refrigerante. Podemos mais uma vez nos tornar um símbolo do bem".

O *ethos* é parte da fórmula secreta do propósito. Como vamos aprender no Capítulo 5, é a fundação para a construção da sua cultura corporativa e para trazê-lo para mais perto de Camelot.

Qual é o Propósito deste Capítulo?

- Nossas raízes guardam as respostas para o que torna nossa empresa única, poderosa e preciosa.

- Reconectar-se ao propósito autêntico de seu negócio vai nutrir, restaurar e gerar resultados emocionais, intelectuais e financeiros sem precedentes.
- Ao voltar para o início da história, você pode prever melhor o próximo capítulo do seu negócio.

Dicas de Propósito

- Seja um arqueólogo e escave seu *ethos*.
- Pague um almoço para seu arquivista.
- Celebre seu passado e você celebrará no futuro.

5

Cultura

Criando o Cult da Sua Cultura

Cultura não é o que você faz, e sim o que você já fez.

— Joey Reiman,
sobre cultura

Adoro meu iogurte pela manhã. A cultura que o criou faz com que eu me sinta saudável e pronto para enfrentar o dia. Nas organizações a cultura funciona da mesma maneira. Quando viva e em ação, você fica feliz. É uma razão para levantar de manhã. *A cultura cria vitalidade.*

A cultura é composta das crenças compartilhadas de uma organização. Quando essas crenças estão alinhadas, mas não são intensas, um mal-estar institucional se instala na empresa. Quando as crenças compartilhadas estão desalinhadas e são intensas, a discórdia fermenta. Somente quando as crenças estão alinhadas e são intensas é que um sistema de crenças forte se desenvolve.

Empresas diferentes têm uma variedade de qualidades distintas que fundamentam sua cultura. Mas toda empresa de sucesso tem uma

74 A CAIXA-PRETA DA ESTRATÉGIA

cultura forte. Por exemplo, a Hyundai oferece aos clientes o Programa WALKAWAY, uma possibilidade de o cliente devolver o Hyundai comprado se perder a fonte de renda e não conseguir pagar as parcelas do financiamento.[1] *Compaixão* faz parte da cultura deles. Já a cadeia de lojas de produtos orgânicos Whole Foods Market considera o planeta como parte interessada em seu negócio. John Mackey é seu diretor executivo, mas a cultura da empresa presta contas à Mãe Natureza. Desse modo, *a cultura cria histórias.*

As Histórias da Newell Rubbermaid

Os 14 andares do edifício sede da Newell Rubbermaid em Atlanta, no estado da Geórgia, contam um pouco da cultura de cada uma de suas muitas marcas. Já no elevador, embarca-se numa viagem pelo que a Newell Rubbermaid chama de "Brands that Matter" ("Marcas que Fazem a Diferença"). Quase todas as marcas-chave da empresa já percorreram a jornada para encontrar seu propósito. Em 2011, a empresa empreendeu essa jornada para descobrir e articular sua *Master Idea* corporativa: "Ajudando pessoas a prosperar".

O andar da marca de acessórios para cabelo Goody abraça o propósito de que "Confiança lhe cai bem". Espelhos, jogos de pentes antigos para cabelo e cartas emolduradas trazem relatos de escovas, grampos e elásticos da Goody adornando três gerações. A marca afirma que sua recente aquisição da Solano, fabricante de secadores, só foi possível porque a família Solano apoiou a ideia, considerando que as empresas tinham culturas compatíveis. Caminhando um pouco mais, encontramos a linha do tempo da marca, sua história, e paredes cobertas por citações de fundadores e fãs.

A próxima parada é no andar da marca culinária Calphalon; aqui, parceiros do varejo cozinham juntos numa cozinha profissional completa para testar novos produtos. O andar de decoração é composto pela Levolor, fabricante de cortinas, persianas e acessórios, e pela Amerock, fabricante de ferragens de decoração, puxadores e metais sanitários. A sensação aqui é de estar numa casa sofisticada, não na unidade de negócios de uma empresa de quase US$ 6 bilhões que vende suas marcas para mais de 90 países.

As portas do elevador se abrem mais uma vez no andar da Graco, marca para pais e bebês, em que os colaboradores podem fazer um passeio pela história da marca enquanto os clientes sentem-se sustentados por sua *Master Idea*: "Cuidar de quem cuida deles".

A decoração de interiores inspirada pelo propósito é uma maneira visível de demonstrar e expressar a cultura de uma empresa e de uma marca, porque começa onde a cultura é mais importante: internamente. Isso não quer dizer que as empresas vivam no passado, mas sim que reconhecem que o passado ainda está vivo nelas hoje.

Quando a BrightHouse escava o propósito de uma empresa, criamos um filme de propósito, com três minutos de duração, contando a história da empresa e o porquê de existir. Cada filme tem uma trilha sonora que capta o ritmo e o tema da empresa. Não são *jingles* publicitários, mas, sim, hinos corporativos.

A Cultura Começa em Casa

Como sua empresa constrói sua cultura? A cultura não é algo que você faça, mas sim algo que você já *fez*. É marcada pelos eventos compartilhados e vivenciados por aqueles que nos antecederam. Quando passamos a fazer parte de uma cultura, somos os novos personagens dessa história. Então, qual será a contribuição de seu personagem?

Reza a lenda que, certo dia, um homem entrou na loja The Home Depot com um pneu no ombro. Ele explica ao atendente que deseja devolver o pneu e o funcionário começa a questioná-lo. O gerente, no entanto, o interrompe e pergunta ao cliente quanto ele havia pago pelo pneu. O homem responde e o gerente abre a caixa registradora, retira um punhado de notas e entrega ao homem a quantia total em dinheiro. Quando o homem sai, o gerente da loja se vira e pendura o pneu na parede. Durante anos ele permaneceu como um símbolo da cultura sobre a qual a empresa – *que jamais comercializou pneus* – foi construída.

O diretor executivo da The Home Depot, Frank Blake, comenta que chegou a entregar um pneu de ouro em um encontro em que milhares de gerentes de loja estavam presentes, em 2007. "Um dos valores primordiais que motivam a nossa cultura é 'fazer a coisa certa'. O símbolo disso é aquele pneu de ouro".

Símbolos de Grandes Culturas

Qual é o símbolo da sua empresa? O que ele significa? Ele inspira você? Você usaria esse símbolo estampado numa camiseta, numa bolsa ou num boné? Os gregos interpretaram a palavra *symbolon* como "combinação de elementos"[2]; naquela época, isso significava um pouco do céu e um pouco da Terra. Hoje, os grandes símbolos corporativos fazem o mesmo. O *swoosh* é a assinatura pela qual a Nike é reconhecida, mas também está impregnado pela ideia de desempenho. As orelhas de Mickey Mouse lembram a Disney e a magia, assim como a maçã que se tornou ícone e sinônimo de computadores, mas que, em seu âmago, simboliza a criatividade.

A Melhor Cultura Fora da Terra

A Southwest Airlines é frequentemente citada como uma empresa de propósito grandioso: o de democratizar os céus. Na verdade, a ideia não é nova. Juan Trippe, fundador tanto da Pan American World Airways como do que era uma divisão da Pan Am, a rede de hotéis Intercontinental, acreditava que os seres humanos tinham o direito inalienável de viajar. Por isso, nos idos de 1970, Trippe introduziu tarifas mais baratas em muitas das rotas da empresa. A nova classe da Pan Am era chamada de "arco-íris". Os clientes voavam em assentos menores, em um *layout* de cinco assentos em vez dos quatro da primeira classe. Esse conceito hoje é chamado de classe econômica.[3]

O que é novo é o foco fanático da Southwest Airlines em cultura como plataforma para o crescimento. Desde que a Southwest Airlines decolou do aeroporto Love Field ("campo do amor") em Dallas, no estado do Texas, em 1971, a empresa tornou-se especialista no amor.[4] Na Southwest, a força de trabalho celebra o amor. Festas semanais regadas a chili para os novos contratados são um dos ingredientes dessa cultura das alturas. Quando a Southwest Airlines criou uma central de operações em Atlanta, no estado da Geórgia, 4.500 funcionários da Southwest compareceram a uma reunião da empresa.

Numa conversa com Ginger Hardage, vice-presidente sênior de cultura e comunicações, ela compartilhou comigo que "95% dos empregados têm orgulho de trabalhar para a Southwest Airlines. E a cultura é tão importante na Southwest que a empresa criou um clube de cultura para manter a inspiração e fazê-la crescer".

Os empregados efetivamente "Vivem o Jeito Southwest" quando participam de coração da cultura da empresa. A Operação Kick Tail ("detonar") usa um sistema de pontos para reconhecer um desempenho excepcional "no momento em que acontece", diz Hardage. "Com quase 90% de participação dos empregados, nós distribuímos US$ 1 milhão em bônus e prêmios se as metas de desempenho são atingidas. Os empregados sentem-se orgulhosos de seus esforços e entendem que a equipe como um todo está orgulhosa deles também. Isso coloca o comprometimento dos empregados da Southwest nas alturas – a milhares de pés de altura".

Quão poderosa pode ser a cultura de uma empresa? Sintonize no programa de TV *On the Fly*, no canal TLC. É sobre a Southwest Airlines e sua cultura. E é um *reality show*. Se sua cultura fosse um programa de TV, seria uma comédia, um programa de ação ou aventura, um programa alternativo de baixo custo, um romance ou uma tragédia? Grandes culturas são produzidas e dirigidas pelas pessoas que atuam nelas todos os dias.

Quando a Cultura se Baseia em Terra Firme

A história da Delta Air Lines é a de uma das empresas aéreas mais respeitadas do mundo e de sua ascensão por meio da cultura.

Nunca houve período tão conturbado na história da aviação como o ano de 2002. Os aviões estavam ociosos devido ao medo de voar que se seguiu aos ataques de 11 de setembro, os preços dos combustíveis estavam em alta e a economia estava em espiral descendente, criando turbulência na indústria. A Delta estava sangrando US$ 120 milhões por mês, e a motivação dos empregados estava praticamente soterrada. E, embora os líderes da empresa pudessem ter suposto que aquele não era o melhor momento para focar a cultura da empresa, eles se deram conta de que o propósito sustenta a cultura nos tempos sombrios e a eleva nos tempos áureos.

78 A CAIXA-PRETA DA ESTRATÉGIA

Volto-me agora para o plano de voo da Delta de dar o pontapé inicial em um 747. Não conheço outra empresa à beira da falência que tenha buscado em sua própria cultura a orientação de como prosseguir. A Delta Air Lines traçou suas coordenadas iniciais a partir de Monroe, estado da Louisiana, onde, em 1929, seu fundador, C. E. Woolman, começou a construir uma empresa que faria mais que transportar pessoas de um lugar a outro. Woolman queria que elas se elevassem emocionalmente também.

Levando a Cultura a Sério

Quando focamos o propósito da Delta – isto é, quando desenvolvemos a *Master Idea* –, aprendemos que foi a ética de trabalho árduo aliada a uma postura pé no chão de Woolman, inculcadas nele desde a infância, que permitiram que ele administrasse uma empresa com foco prioritário no cliente, sempre. Na Delta, lembram-se de que ele dizia com frequência: "Vamos nos colocar do outro lado do balcão". Woolman sabia que a atitude é mais importante que a altitude. Ele tocava piano na pista enquanto seus aviões levantavam voo, colocava pessoalmente os broches de asas e de orquídeas nas comissárias de bordo e ficava muitas noites até tarde, sentado em tambores de óleo, conversando sobre aviação com seus mecânicos. Woolman guardava todas as cartas enviadas a ele por seus empregados.

Sob seu comando, os empregados tratavam os passageiros como convidados importantes. Uma passagem garantia paparico, educação e respeito, e a cabine coberta de flanela cinza era elegante e de bom gosto, atraindo os finos e bem vestidos. A atenção ao detalhe podia ser comprovada com o borrifar de essência de limão na borda do copo de um martíni e com um ramo de alecrim delicadamente espetado numa truta das montanhas da Geórgia assada. Para a Delta Air Lines, a melhor mesa estava no ar.

Voando com Propósito Novamente

Como consultor e passageiro da jornada da Delta para encontrar seu propósito, era fácil enxergar um futuro para a empresa ao estudar seu passado. Lá atrás, a tripulação criou uma cultura que nos ensinava – os passageiros – a voar. Woolman considerava memorável a experiência de voar, capaz de elevar todos os nossos sentidos. Culturalmente, a empresa aérea nascente estava criando a história da aviação: sua grandiosidade e sua promessa.

Ainda assim, em 2002 a Delta havia se desviado de suas origens. Estava desvinculada de sua cultura e totalmente perdida. Uma vez que a cultura fosse desenterrada, poderia brotar de novo. A equipe de propósito da Delta trabalhou durante meses para recuperar o *ethos* de hospitalidade e alma da companhia, a cultura de vitalidade e de estilo e os valores de servir os passageiros e o mundo.

Em uma manhã do verão de 2003, 4 mil funcionários da Delta se reuniram no Hangar Um em Atlanta, na Geórgia, onde a *Master Idea*, "Dar asas ao mundo", foi apresentada com uma devoção semelhante à de um sermão. Um coro *gospel* gingava ao cantar o hino com o tema da empresa. Então as luzes foram apagadas e um filme começou a passar na tela, mostrando a Delta Air Lines trazendo sua *Master Idea* à vida e fazendo com que milhares de pessoas aplaudissem de pé. Mecânicos, pilotos, comissários de bordo e atendentes responsáveis pelas reservas estavam chorando, rindo e segurando ou abraçando uns aos outros como se houvessem encontrado a salvação. E uma nova era começou.

A premissa contida em *Propósito* é a de que o *ethos*, o caráter original da empresa estabelecido por C. E. Woolman, pode ser restabelecido a qualquer tempo por meio de liderança. Há mais de uma década a Delta Air Lines se reconectou ao seu propósito, e hoje podemos assistir ao vídeo institucional da Delta, durante os voos, mostrando o diretor executivo Richard Anderson em pé atrás da mesa de Woolman, recordando os valores do fundador. Essa é uma lição de alto nível para os negócios. Quer você diga "Dê asas ao mundo", quer diga "Continue Subindo", a inspiração vem do homem que tocava piano na pista para sua empresa e seus passageiros quase um século atrás.

Como Você Vai Dar Asas ao Mundo?

A cultura pode se sustentar. E uma cultura forte como a da Delta pode ajudar o mundo todo a subir. Para construir culturas corporativas

80　　A CAIXA-PRETA DA ESTRATÉGIA

mais fortes, precisamos de muitas pessoas alinhadas ao redor de crenças fortes. O que é mais importante para você e para os outros membros da sua organização? A empresa amplifica suas crenças ou faz com que você sinta que precisa escondê-las?

Trabalhei em inúmeras culturas corporativas ao redor do mundo e percebi que as melhores estão repletas de pessoas que são livres para ser autênticas e que são responsáveis por mais do que a simples geração de riqueza e de valor para o acionista. Valorize-se ao ser mais *quem você é* no trabalho. Então, em conjunto com outros, coloque suas crenças compartilhadas para trabalhar em prol de algo maior. Quando uma cultura faz isso, torna-se religião.

A Cultura é Religião

As maiores marcas do mundo estão no negócio há mais de 3 mil anos. São globais e, em conjunto, somam mais de 12 milhões de localizações diferentes. Cada uma tem um logotipo que as pessoas adoram, e até morrem por eles, e milhares de novos clientes são angariados a cada minuto. As pessoas que trabalham para essas organizações veneram seus chefes. É claro que estou falando de religião. E o chefe é efetivamente "superior".

A palavra *religião* vem do latim *relegare*, que significa "amarrar firme ou reforçar"[5] – o que é exatamente o que a cultura faz. A Regra de Ouro também é central para todos os dogmas religiosos. Grandes culturas corporativas têm muitas das qualidades de uma religião. As melhores culturas corporativas não "fazem como os outros"; elas "fazem *aos* outros".

"Há um aspecto espiritual nos negócios. A maior parte das pessoas concordaria que existe um lado espiritual de nossas vidas como indivíduos"[6], escreve o líder de propósito Jerry Greenfield, cofundador dos sorvetes Ben & Jerry's. O também cofundador Ben Cohen acrescenta: "Você recebe à medida que dá, enquanto ajuda os outros recebe ajuda em troca, e conforme seu negócio apoia a comunidade, a comunidade apoia seu negócio".[7]

Enfrentando a Grande Depressão de 1929, o diretor de operações (COO) de Milton Hershey comprou cinco máquinas da Alemanha que podiam, cada uma, fazer o trabalho de 100 homens. Fazia sentido substituir homens por máquinas que não exigiam salários, certo? Errado, disse Milton. Quando soube disso, mandou devolver as máquinas imediatamente e ordenou ao COO que contratasse ainda mais homens.

A substituição não era uma opção para Milton Hershey. Nem mesmo o estímulo da produtividade poderia apagar a importância das pessoas e da cultura na empresa dele. Era – e ainda é – uma organização comprometida em criar uma cultura saudável e solidária com seus trabalhadores, tanto dentro como fora da fábrica.

Hershey fornecia diversos tipos de benefícios, inclusive oportunidades educacionais, algo a que não teve acesso quando jovem. Construiu uma comunidade, com casas para executivos e trabalhadores, assim como escolas, igrejas, parques, meios de transporte e oportunidades recreativas.

De acordo com a Hershey Company, "ele acreditava que trabalhadores que recebiam um tratamento justo e que viviam num ambiente confortável e agradável trabalhavam melhor. Desse modo, ele construiu infraestrutura para cuidar das pessoas que eram empregadas por sua empresa". A Hershey's é um exemplo de cultura de propósito.[8]

O Sun Capital Capitaliza com a Cultura

Quando os codiretores executivos Rodger Krouse e Marc Leder fundaram a empresa de *private equity* Sun Capital Partners, Inc., em 1995, tinham 33 anos de idade e eram recém-saídos do Lehman Brothers e de sua cultura dirigida por fatos, números e resultados. Nenhum dos dois tinha a cultura como foco, o que não é exatamente uma surpresa. Imagine meu espanto, portanto, quando soube que uma das maiores e mais conceituadas empresas de *private equity* do mundo apoia-se na cultura para o seu sucesso. Normalmente, empresas de *private equity* fazem investimentos nas empresas que controlam por meio de estratégias variadas, incluindo aquisições alavancadas por dívida, capital de risco e capital de crescimento. Muito raramente isso inclui a cultura.

82   A CAIXA-PRETA DA ESTRATÉGIA

"Cultura é nossa estratégia no Sun Capital", Krouse me conta. "Nossa revelação veio em 2008, quando todas as nossas empresas sofreram um baque muito duro e vimos que aquelas que tinham as culturas mais fortes haviam apresentado os melhores resultados financeiros." Ele continua: "As lojas Limited [de roupas] estavam perdendo muito dinheiro havia 17 anos, quando nós as compramos. Nosso primeiro foco foi a cultura. Os valores essenciais são muito importantes e os líderes precisam colocar em prática aquilo que pregam. Ignorar valores essenciais pode colocar você numa enrascada".

A Cultura Conserta o Que Está Quebrado

Krouse continua, dizendo que eles se deparam com muita cultura falida nessas empresas quebradas: "Negócios são combinações de ativos... *e* pessoas. Unifique-os com um propósito comum, e você conseguirá a excelência". A Sun Capital compra empresas quebradas e que estão perdendo dinheiro. Os executivos sabem que a única maneira de verdadeiramente "consertar" as empresas é unir as pessoas. "Estamos fazendo o que muitas pessoas imaginariam ser estatisticamente impossível. Mas é possível conseguir isso se você tem uma grande cultura", ele explica.

A chave para melhorar a cultura é a comunicação – frequente e transparente. As pessoas sentem-se muito melhor em relação a uma organização se sabem a verdade sobre o que está acontecendo e escutam falar disso com frequência. Elas sentem que a organização se importa com elas quando pessoas se comunicam com elas. Quanto maior o número de pessoas que entende o que você está tentando alcançar como empresa, maior o número de pessoas que pode colaborar. Cultura é lealdade.

Krouse atribui o sucesso do relançamento dos restaurantes Boston Market e Captain D's, que estavam patinando havia anos, a pessoas muito comprometidas com uma missão comum.

Quando você encontrar o diretor executivo do Boston Market, George Michel, ele estará usando um avental do restaurante, igual ao de qualquer um de seus 15 mil funcionários. E não o chame de Sr. Michel. Ele prefere ser chamado pelo título em seu cartão de visitas: "The Big Chicken" ("O Grande Frango"; Figura 5.1).

FIGURA 5.1 Cartão de visitas de George Michel

Fonte: Boston Market Corporation.

Querido por todos, dos membros de sua equipe até o âncora da CNN, Anderson Cooper – que janta em seus restaurantes com frequência –, Michel comanda por meio do foco na cultura. "O 'MBWA – Management By Wandering Around' (Gerir Andando Pela Empresa) é o começo de tudo", Michel me conta. "A observação leva à educação, e esta leva ao sucesso." O conceito deve ter funcionado, uma vez que as vendas subiram quase 10% depois de sua chegada.

"O disco na rede é tudo que importa." George distribui discos de hóquei para pessoas que se destacam. Recentemente, passou a distribuir algo ainda melhor: tacos de hóquei autografados pelo Florida Panthers aos que atingissem as metas financeiras.

"The Big Chicken" comprova que a cultura de uma empresa – da mesma maneira que um time esportivo – precisa de um capitão em quem os funcionários possam se mirar. Anderson Cooper recentemente convidou Michel para seu programa, dizendo: "George, conhecer você é como conhecer Papai Noel". Tenho que concordar. Vinte e quatro horas depois de entrevistar "The Big Chicken", recebi cartões-presente do Boston Market. É parte de sua cultura – e o Boston Market é parte da minha.

O "D" na cadeia de restaurantes Captain D's representa o fundador, Ray Danner. Para Phil Greifeld, no entanto, diretor executivo do

84 A CAIXA-PRETA DA ESTRATÉGIA

Captain D's, o "D" significa "dedicação". "É o esforço extra que alguém demonstra ao cuidar dos convidados", diz Greifeld.

O Captain D's, uma cadeia de *fast-food* dos Estados Unidos especializada em frutos do mar, peixes e batatas fritas, quase afundou após perder dinheiro durante quase uma década. "Era uma marca sem propósito, sem liderança e claramente sem cultura. As pessoas compareciam a um emprego entorpecente, sem direção, e ninguém sabia o que se esperava delas", Greifeld me conta. "Hoje temos valores fortes. Somos uma organização que trata as pessoas com respeito e cuidado genuíno, e isso traz resultados."

Uma pesquisa recente sobre a cultura, que o Captain D's realiza com todos os funcionários, teve desempenho além do esperado em muitas áreas, especialmente aquela de que Phil se orgulha mais: "Adoro o que faço" – por isso a pontuação foi de 90% em termos de conexão emocional. O ano fiscal de 2011 foi o primeiro, de nove anos, em que a empresa apresentou crescimento nas vendas. "Nossos resultados de 2012, com base em elementos comparáveis, quase nos tornam líderes de todo o ramo de restaurantes", gaba-se Greifeld.

O Boston Market e o Captain D's são dois exemplos em um portfólio de marcas mundialmente conhecidas que incluem "The Limited" e "American Standard", organizações em que o verdadeiro investimento é a cultura dominante. De sua parte, a Sun Capital investiu em mais de 300 empresas ao redor do mundo desde 1995, com vendas combinadas que ultrapassam US$ 45 bilhões. De acordo com Krouse, "temos resultados melhores porque a cultura das empresas de nosso portfólio é de desempenho mais alto".

Um dos sabores de sorvete do Ben & Jerry's chama-se "Tudo menos..." e, como se pode imaginar, tem de tudo. A cultura funciona da mesma maneira. Quanto "tudo menos" faz parte de uma cultura, o resultado é o maior engajamento das pessoas. O que denominamos de recursos humanos torna-se engenhosidade humana quando os funcionários se dedicam por inteiro ao serviço da organização, da comunidade e do mundo. As grandes culturas respeitam seu bem mais valioso: as pessoas. *Respeito* origina-se da palavra latina *respectus*, que significa *tratar com consideração reverente ou estima*. São as pessoas que dão à cultura seu sabor diferenciado.

Qual é o Propósito deste Capítulo?

- A cultura é definida pelas crenças compartilhadas de uma organização.
- A cultura é que dá vida a uma empresa.
- Empregados alinhados ao redor de um princípio comum criam comprometimento.

Dicas de Propósito

- Seja um personagem na história da sua empresa.
- Alimente a cultura para mantê-la viva.
- A cultura prospera por meio de crenças compartilhadas.

6

Valores

Seu Ativo Mais Valioso

Os valores são a linguagem de uma organização.

— Joey Reiman,
sobre valores

Em 1993, um jovem aventureiro chamado Charles Brewer afixou, na parede de seu apartamento em Atlanta, um conjunto de valores essenciais à sua nascente empresa de internet, a MindSpring. Os valores, que incluíam a frugalidade, o respeito pelo indivíduo e a noção de que o trabalho deveria ser divertido, foram mantidos até o momento em que a MindSpring fundiu-se à EarthLink, em 2000, e se tornou um gigante das telecomunicações de valor estimado em US$ 4 bilhões.

O mais incrível é o fato de que Brewer ainda não fazia ideia de qual seria seu negócio quando identificou os valores essenciais de sua empresa. "Achei que um jeito melhor de fazer as coisas era possível, assim como tratar o cliente melhor era possível", disse-me ele. "O único modo de ser diferente era concentrar-me nos valores. Coloquei-os no

88　　　A CAIXA-PRETA DA ESTRATÉGIA

papel muitos meses antes de determinar qual seria o negócio." Rindo, Brewer disse que por fim teve de começar um negócio, pois "os valores não estavam gerando lucro por conta própria".

Por que os Valores Contam

"Se a ética estabelece normas, os valores são guias. E eles estão em alta hoje. Todos estão pensando nisso", afirma Philip Kotler, renomado especialista de marketing e professor da Kellogg School of Management na Northwestern University.

Mas os valores nem sempre estiveram na vanguarda dos negócios. Kotler acredita que essa emergente revolução dos valores segue no encalço de uma corrupção corporativa sem precedentes e da desilusão da opinião pública. "Esse é o resultado de nossa obsessão com o materialismo à custa de valores como a amizade e a comunidade", diz ele, apontando para "o comportamento ganancioso de 'certas empresas', o abuso da confiança do consumidor e ao fato de indivíduos em posições de poder pagarem salários altíssimos para si mesmos".

Na década de 1980, frequentemente chamada de a Era da Ganância, as aquisições hostis eram comuns. Até mesmo o cinema retratava negociantes implacáveis como heróis (por exemplo, o personagem Gordon Gekko no filme *Wall Street*, de 1987).

Pode parecer que os valores levaram uma surra recentemente. Políticos parecem mais interessados em garantir seus próprios interesses em primeiro lugar, enquanto atletas usam esteroides para vencer e a elite empresarial parece disposta a qualquer coisa para manter suas fortunas. No entanto, testemunhei, em muitas ocasiões na década passada, líderes e empresas colocando os valores *em primeiro lugar*. Valores positivos são os novos chefes. E quando os líderes das organizações fazem mais que simplesmente afixá-los na parede, pronunciando-os com autenticidade – quando deixam de usá-los como simples frases impressas nos cartões de visita e aderem a eles –, os valores efetivamente ganham vida. Os valores criam trabalhadores altamente entusiasmados, lucros crescentes e reputações lendárias para o seu negócio.

Quais São Seus Valores?

Nenhum recurso corporativo é capaz de contar mais sobre uma organização que os valores. É por isso que a primeira pergunta que faço ao encontrar a liderança de uma empresa é: "Quais são seus valores?".

Normalmente escuto três tipos de resposta:

1. **Valores condescendentes e que não mudam nada:** esses princípios padronizados e insossos normalmente são encontrados em pôsteres e são instituídos como medidas de submissão, ilustrando modelos de cidadania. Infelizmente, dizem muito pouco sobre a organização, e por isso têm pouco ou nenhum efeito sobre as pessoas que a ela pertencem. *Qualidade, trabalho em equipe e integridade* são os campeões.

2. **Valores de compromisso que mudam sua empresa:** refletem o interesse da empresa, mas são limitados à organização. Eles dizem o que a empresa espera *de* você, mas não como ajudar outras pessoas. Em vez de simples meios para atingir um fim, têm objetivos como *ser líder* e *gerar valor para os acionistas*.

3. **Valores influentes que mudam o mundo:** são valores que alteram de forma positiva a maneira como vivemos e trabalhamos e afetam todos os interessados – proprietários, empregados, parceiros, comunidade e o planeta. Esses valores dão vazão à energia humana e nos permitem ser inteiros no trabalho. Os valores influentes de maior destaque têm três características:

   a. **São característicos da indústria a que se referem:** o do SunTrust Bank é um exemplo: "Afeto é nossa moeda".

   b. **São memoráveis:** por exemplo, o do Escritório FedEx: "Transforme Ideias em Ações".

   c. **São Diretivos:** um exemplo é o valor da Zappos de "Impressionar pelo Serviço" ("Deliver WOW Through Service").[1]

A CAIXA-PRETA DA ESTRATÉGIA

A seguir, duas empresas que incorporaram valores *influentes* a suas culturas. Ambas fazem uso de valores para influenciar positivamente tanto funcionários como a sociedade. Demonstram, por meio desses valores, como as empresas podem sustentar o código de barras com seu código moral.

A Revolução do McLanche Feliz

O McDonald's era um pouco diferente em 2009, quando passaram o ano tentando melhorar seus negócios nos Estados Unidos junto a seu principal público – famílias e crianças. Os consumidores estavam não só considerando outras opções de restaurante, mas a própria noção de *fast-food* tinha começado a ser questionada com mais frequência pelos pais, preocupados com a opção nutricional de suas famílias. Quando fui convidado como principal palestrante de um evento para a liderança asiática do McDonald's, em Bali, na Indonésia, tomei conhecimento de uma retração ainda maior. Depois da conferência, aproximei-me do diretor de marketing, Neil Golden, que concordou em jantar comigo em Atlanta.

Durante o jantar, discutimos a categoria de pessoas que fazem suas refeições fora de casa. Golden estava ávido por uma solução. Encarregado de fortalecer a marca e restabelecê-la junto às mentes e aos estômagos dos americanos, Golden encheu-me de perguntas sobre os benefícios do propósito, querendo saber se o McDonald's poderia usar isso para melhorar seu desempenho e atingir patamares mais altos. O marketing convencional diria a Golden para apresentar os valores cotidianos da marca, um produto de qualidade e um restaurante confortável. Mas Golden sabia que precisava mais do que uma mudança no cardápio para melhorar as coisas; precisava de uma revolução.

Quando você se encontra com Neil Golden, imediatamente se impressiona com sua forma física. Ele faz pelo menos uma hora de exercícios diariamente, sete dias por semana. E você também pode se surpreender com o fato de que ele também consome os lanches do McDonald's diariamente: "Minha refeição favorita é o Big Mac, com uma Salada Southwest e um *smoothie* de manga e abacaxi".

Contratado pelo McDonald's depois de trabalhar em um concorrente, Golden e eu nos lembramos da primeira semana de trabalho dele no novo emprego, uma história que ilustra a cultura da empresa. Hospedado num hotel em Indianápolis, o jovem supervisor de marketing recebe um telefonema de seu novo chefe, convidando-o para visitar a nova Casa Ronald McDonald em Indianápolis. O presidente do McDonald's estaria lá para a inauguração.

Golden vestiu um terno e foi ao evento. O presidente do McDonald's estendeu a mão para cumprimentá-lo, mas nem chegou a completar o gesto. Em vez disso, puxou uma caneta do bolso da camisa de Golden, com o logotipo do concorrente. O presidente acompanhou Golden e o chefe dele até onde estava um trabalhador da obra recém-terminada, que destruiu a caneta com um alicate. "Compre uma caneta com o logotipo do McDonald's para saber onde está e quem ama você. E me mande o recibo." Mais de vinte anos depois, Golden ainda tem a caneta Cross com o logotipo do McDonald's – e a mantém como uma relíquia.

De Brinquedos a Alegria

Ao fazer a jornada para descobrir o propósito do McDonald's nos Estados Unidos, Golden colocou sua estratégia de marca em modo de espera até que a "caixa-preta" do *ethos*, da cultura e dos valores fosse explorada. A jornada levou 16 semanas, cobriu cinquenta anos de cultura da empresa e envolveu dezenas de entrevistas – começando com o *insight* de ouro do próprio cofundador, Fred Turner, sobre o *ethos* de *jazz* que havia no McDonald's, discutido no Capítulo 1.

Depois de minha entrevista com Turner, voltei para a Bright-House e soube que a equipe tinha 71 entrevistas agendadas no McDonald's. Embora isso possa parecer excessivo, o propósito exige que se busquem pontos de vista diversos e variados – e quanto mais fundo conseguíssemos escavar, mais precioso seria o tesouro que encontraríamos.

O McDonald's já tinha sido um lugar de alegria, muito mais que uma fonte de brinquedos. O conceito simples, de uma parada que oferecia hambúrgueres, fritas e *milk-shakes* para um mundo que acabara

92 A CAIXA-PRETA DA ESTRATÉGIA

de começar a se aventurar nas estradas, era uma grande novidade nos idos de 1950. Mas essa surpresa havia desaparecido – e, com ela, também a alegria. "O brinde é bom, mas está faltando um componente da alegria. E sentíamos que era necessário dar nova carga de energia à alegria como parte dessa equação", diz Golden. Conclusão: trazer a alegria de volta.

Ao final de três meses de projeto, a equipe havia encontrado o propósito do McDonald's para crianças e famílias dos Estados Unidos: "Servir Alegria às Famílias".

O que Kroc faria?

Embora a *Master Idea* de servir alegria às famílias fosse anunciada na sede do McDonald's, foram os valores que modificaram o modo de eles fazerem negócio. Quando demos início ao projeto, a BrightHouse recebeu uma lista de valores do McDonald's: qualidade, otimismo, paixão e trabalho em equipe, incluindo outros cinco, aproximadamente.

"Esses são os valores que nossos pais nos ensinam. Quais foram os que o fundador, Ray Kroc, nos ensinou?", perguntei. O que poderia ter sido o momento da demissão provocou uma fagulha que se alastrou pela sala e abriu caminho para o *ethos* do McDonald's e para um conjunto memorável de valores. Se você não consegue dizer quais são seus valores, esqueça-os. A linguagem dos valores deveria ser rica em *ethos*, autêntica e divertida de se dizer.

Então quais eram os ditos de Kroc ("Krocismos")? O que Kroc faria? A equipe apresentou esses novos (velhos) valores numa sala para aproximadamente 100 funcionários do McDonald's. Durante a apresentação, recebi um e-mail de Golden, que estava sentado à cabeceira da mesa. O e-mail continha a mensagem: "Gol".

Hoje, os seguintes valores servem de guia para os associados e franqueados do McDonald's nos Estados Unidos. Como é frequente com valores elevados, eles estabelecem os princípios de uma empresa ou de uma marca, que influenciam comportamentos e amplificam o propósito da organização.

Os valores de sua empresa servem a estes propósitos-chave:

1. Ajudar a recrutar e selecionar novos associados.
2. Dirigir treinamentos e capacitações para novos empregados.
3. Servir de guia para tomadas de decisão.
4. Orientar comunicações internas e externas.
5. Subsidiar políticas, incentivos e sistemas de recompensa.

Os Valores do McDonald's

Ketchup nas veias

É difícil imaginar que outra empresa consiga reunir o tipo de lealdade, energia ou animação em seus empregados que o McDonald's consegue. Desde as raízes da empresa, líderes como Ray Kroc, Fred Turner e Paul Schrage viviam e respiravam essa vitalidade. Dos encarregados de frituras que se tornam proprietários/operadores a chapeiros que se tornam executivos, os funcionários têm uma paixão que extravasa para cada momento, desperto ou adormecido, de suas vidas.

Enxergando o *milk-shake* parcialmente cheio

Ray Kroc, 52 anos, usou sua autoconfiança extraordinária para transformar seu sonho em realidade.

Sua crença de toda uma vida de que cada pessoa faz sua própria felicidade permitiu que Kroc mantivesse seu otimismo para ver oportunidade no negócio dos hambúrgueres e colocar toda a sua energia na construção do McDonald's. Embora tenha enfrentado inúmeros desafios, incluindo diversas tentativas de compra, Kroc aprendeu com cada experiência, sempre seguro de que iria ser bem-sucedido.

Um em um bilhão

Os membros da família McDonald's podem se tornar empreendedores individuais, mas jamais estão *sozinhos*. Consideram-se parte de milhares servindo bilhões. Kroc reestruturou a possibilidade que era o McDonald's quando percebeu o valor de um bom relacionamento com os franqueados. Ele imaginou o McDonald's como "uma organização de pequenos empresários". Aos seus olhos, era muito similar ao seu primeiro amor: o *jazz*. Kroc insistia que, embora o McDonald's fosse um grupo grande, seus solistas precisavam de liberdade para desempenhar um papel em sociedade.

O *drive-through*

Das raízes de Kroc, numa era de depressão no Meio Oeste, originava-se a convicção no valor de um dia de trabalho duro. "A sorte é resultado do suor", dizia ele. Kroc nunca se considerou importante demais para pegar um esfregão e ajudar o faxineiro a limpar banheiros, ainda que estivesse usando seu melhor terno. Como uma "empresa de estilo mão na massa", todos os funcionários do McDonald's, do chapeiro ao CEO, medem suas realizações por meio de seu esforço. Criar experiências memoráveis para os clientes pode não ser um "bicho de sete cabeças", mas eles levam os hambúrgueres mais a sério que qualquer um. E os lucros que resultam desse esforço nunca são obtidos simplesmente pela sorte.

A regra (dos arcos) dourados

Os funcionários do McDonald's fazem a coisa certa em vez de se preocuparem em dizer a coisa certa. Já no início do negócio, as negociações de Kroc com os irmãos McDonald estabeleceram firmemente seu senso moral. Até hoje honramos a integridade certeira de Kroc em tudo que fazemos, incluindo nos aproximar da comunidade e retribuir com ações em vez de palavras. Desde as Casas de Apoio Ronald McDonald até o patrocínio de inúmeros times esportivos infantis, fazemos a coisa certa. Sempre.

Como Alegrar as Famílias?

"É a pergunta mais importante que faço a mim mesmo quando reviso ideias para melhorar o negócio e a marca", diz Golden. "É a pergunta que faz com que mantenhamos nosso propósito em destaque todos os dias." Quanto ao amanhã, afirma: "Quando olho para o futuro, vejo o que precisamos fazer para continuar a trazer alegria". Ele me diz que até este livro ficar pronto, o McDonald's terá introduzido uma iniciativa que chamam de Favoritos Com Menos de 400. O programa destacará mais de 40 itens diferentes do cardápio com menos de 400 calorias; e aproximadamente 80% de todo o cardápio do McDonald's tem cerca de 400 calorias.

Acrescentar uma fruta a todo McLanche Feliz significa que o McDonald's também leva em conta o que os pais consideram uma refeição nutritiva. Além disso, em cada McLanche Feliz vendido nos restaurantes participantes existe a promessa de doação de uma parcela à Casa Ronald McDonald.

Ao ser fiel a seu propósito e a seus valores originais, o McDonald's alcançou resultados surpreendentes. Cheio de alegria, Golden compartilha comigo que "os números do McDonald's relativos a quantidade de visitas, vendas, participação no mercado e fluxo de caixa nos restaurantes estão entre os mais altos da história".

Kevin Newell, chefe global da marca McDonald's, escreveu-me o seguinte: "Ser fiel a si mesmo funciona tanto no nível individual como para as marcas".

Valores da BrightHouse

Usamos as lentes do propósito para transformar valores genéricos e submissos numa linguagem dinâmica e autêntica. A partir do momento em que isso é feito, os valores não são simplesmente conhecidos por todos os membros da organização, são vividos por eles. Além disso, estabelecemos ícones para nossos valores (Figura 6.1). Da palavra grega para *imagem*, ícone é um trabalho de arte destinado a inspirar e a ensinar.

FIGURA 6.1 Valores da BrightHouse

| BELEZA NA | FAMÍLIA É | ILUMINE O | DA CURIOSIDADE | INTELIGÊNCIA SE |
| ELOQUÊNCIA | TUDO | CAMINHO | AO ENCANTAMENTO | DIVERTINDO |

Fonte: © BrightHouse. Ilustrações de David Paprocki.

As melhores organizações são construídas sobre valores fortes, que influenciam seus associados todos os dias. Os pensadores da BrightHouse não prestam contas a mim, mas a uma hierarquia superior, ocupada pelos valores aqui relacionados:

- **A beleza da eloquência:** nós dominamos ideias – além de palavras e imagens. Acreditamos que a comunicação é uma arte e, se há mérito em dizer algo, isso merece ser bem feito, porque uma ideia sem as palavras certas é como uma boa intenção sem ação. Quando trabalhávamos na *Master Idea* do escritório da FedEx, percebemos que uma das qualidades da empresa era concretizar os planos de seus clientes, "Transformando Ideias em Ações".

- **Família é tudo:** nossas famílias começam com maridos e esposas, filhos, pais, estendendo-se à nossa família BrightHouse, nossos clientes, nossa comunidade, e à família de todos os seres vivos. A família é o mais importante. É, de fato, *tudo*. É por isso que cunhei o termo *familionário*, designando a pessoa cuja riqueza é constituída por sua família e seus amigos. As festas de final de ano da BrightHouse incluem não somente os filhos dos pensadores, mas também seus pais.

- **Iluminando o caminho:** esforçamo-nos para apresentar a nossos clientes novos modos de pensar e de trabalhar que criarão marcas melhores e empresas de mais destaque. Entre em nosso prédio e se defrontará com uma citação de Gauguin na parede com quase dois metros: "Existem dois tipos de artistas

Valores

– os revolucionários e os plagiários". Vivemos para ser agentes de mudança.

- **Da curiosidade ao encantamento:** alguns diriam que curiosidade e inocência são traços infantis. Nós dizemos que são ingredientes-chave para o aprendizado e a descoberta, para a revelação e o espanto. É nosso caminho, do questionamento à surpresa, que cria as respostas para nossos clientes. O propósito da Graco ajuda os pais a irem da curiosidade ao encantamento.

- **A criatividade é a inteligência se divertindo:** essa frase de Albert Einstein aproxima os dois hemisférios do cérebro, assim como as duas facetas da BrightHouse – a criativa e a estratégica. E, quando juntas, o trabalho torna-se diversão. As empresas subestimam a importância da diversão. Empresas que incluem a diversão em suas culturas, como a BrightHouse, a Zappos e a Southwest Airlines, são melhores e mais ricas por conta disso.

Analise seus valores uma vez mais. Que ações eles inspiram? Eles são diferentes e excepcionais? São valorizados? Estão acima das lideranças? São diretivos? Muitas organizações estariam melhores com um conjunto de diretrizes do que com um conselho diretor.

O Valor dos Valores

Na luta diária do dinheiro contra os valores, muitas empresas abandonam seus ideais para oferecer retornos financeiros de forma mais eficaz. Algumas chegam mesmo a cruzar os limites do aceitável para auferir lucros.

Philip Kotler, por outro lado, encoraja as empresas a declararem publicamente os ideais que professam: "Essas empresas deveriam usar seus valores ao recrutar empregados e ao lidar com clientes, vendedores e fornecedores. As empresas deveriam estar prontas a expor quedas e a fazer cumprir seus valores".

Valores são bens. Vividos diariamente, têm a capacidade de nos guiar e inspirar, assim como a outros. Se o propósito é o general, os valores são as tropas. Eles mantêm as empresas firmes em tempos de turbulência e traçam o melhor curso em tempos de bonança.

Como qualquer revolução, o movimento pelos valores na América corporativa captura mais que simplesmente mentes e corações. Ele libera as empresas e os indivíduos para ocupar algo maior que Wall Street: suas almas.

Rápido, quais são seus valores?

Se você não consegue enumerar os valores de sua empresa, eles não são importantes. E se você consegue relacioná-los, mas eles não são vividos, a situação não está muito melhor. Valores sem uma ação positiva para sustentá-los não têm sentido.

Mas uma empresa não pode simplesmente escolher valores que lhe soem bem, como o "beyond petroleum" (mais que petróleo) da BP. "Valores precisam ser autênticos", diz Brewer. "Não vai funcionar se os valores não forem importantes para você." E os valores eram tão importantes para Brewer que ele renunciou a seu cargo na EarthLink por discordar da cultura da empresa.

Nos capítulos 7 e 8, veremos como os elementos da caixa-preta – o *ethos*, a cultura e os valores – causam impacto e subsidiam a estratégia e as táticas que alinham e inspiram as organizações. Como destaca Richard Makadok, professor associado da Emory University: "Há cinquenta anos, Alfred Chandler, estudioso da História Econômica, revolucionou o campo da gestão ao perceber que, em toda reorganização corporativa, a estrutura segue a estratégia. O que pode ser ainda mais importante é a compreensão mais profunda de que a estratégia, por sua vez, deve seguir o propósito. O propósito é a 'caixa-preta' da estratégia".

Qual é o Propósito deste Capítulo?

- Valores são característicos das indústrias a que pertencem, são memoráveis e diretivos.

Valores

- Valores criam trabalhadores altamente entusiasmados, lucros crescentes e reputações lendárias para seu negócio.
- Valores autênticos são influentes, não influenciáveis.

Dicas de Propósito

- Valores devem ser vividos.
- Valores fornecem salvaguardas, não diretrizes.
- Crie ícones para seus valores.

7

Estratégia

O Plano da Vitória

"Por que" não é pergunta, é resposta.

— Joey Reiman,
sobre o desenvolvimento da estratégia

Pergunte a uma centena de estrategistas sobre a origem da estratégia e obterá uma centena de respostas. Comigo não é diferente, mas meus colegas da Academia acreditam que estou no caminho certo. A diferença na forma como construí minha empresa permanece central à construção do propósito. O propósito fornece um *sentido*. A estratégia traça seu *curso*.

A estratégia é o mapa do seu caminho, um GPS para chegar ao destino da empresa no mercado e no mundo. A estratégia permite, essencialmente, chegar aonde o propósito o conduz.

Considere esta explicação do Professor Philip Kotler, sobre minha empresa, a BrightHouse: "Muitos negócios hoje lembram um barco à deriva. Os poucos que conseguem chegar à praia seguem a luz que emana de uma ideia brilhante. E a BrightHouse tem um processo fantástico

102   A CAIXA-PRETA DA ESTRATÉGIA

para guiar empresas a seus destinos". Embora essa declaração, com certeza, tenha sido música para meus ouvidos, na BrightHouse consideramos o trabalho com o propósito uma responsabilidade. Nosso desafio diário é garantir que as empresas efetivamente executem suas estratégias de negócios com base nesse propósito. Uma estratégia bem definida é uma lanterna em sua expedição pelo propósito. *Ethos*, cultura e valores revelaram sua verdade atemporal – e agora a estratégia iluminará o caminho com um plano oportuno. O propósito é o *porquê*. A estratégia é o *como*. É por isso que, se não houver propósito, sua estratégia estará fadada ao fracasso.

Fazendo Pontaria para Acertar o Alvo

Nas últimas três décadas, vi negócios brilhantes fracassarem, estratégias de preço que ficaram aquém das expectativas, estratégias luxuriantes mal executadas e estratégias de nicho que não atingiram seu alvo. A razão do fracasso era clara em todos os casos: um propósito maior não era o objetivo. Se sua estratégia de negócio é vender mais *coisas* a mais *pessoas*, é necessário que se pergunte *por quê*.

Vejamos o conceito de guerra, por exemplo. *Estratégia* é um termo militar originário da palavra grega *strategia*, que significa "ofício do general".[1] Guerras não são vencidas por causa de velocidade, agilidade, capacidade de manobra, adaptabilidade ou armamentos; são vencidas devido ao maior senso de importância que determinado país ou exército incutiu em seus soldados. Algumas das piores batalhas foram travadas em nome da fé, o nome dado pela religião ao propósito. A conclusão é simples: a emoção em ação vence.

O *porquê* prevalece sobre o que temos, quem somos, aonde vamos ou como chegaremos lá. Hoje em dia, *o porquê* mostra o caminho. A Procter & Gamble (P&G) recentemente adotou um modelo para todas as suas marcas em que coloca o *porquê* antes de *o quê* e de *quem*. O *quê* da P&G são suas marcas; o *quem* são seus consumidores, e o *porquê* é que nada é mais poderoso que ajudar as pessoas a atingirem seus potenciais plenos para que possam prosperar. Citando um funcionário da P&G no Paquistão, "a marca Safeguard, da Procter & Gamble, e a Save the Children anunciaram uma parceria que atingirá 100 escolas primárias no Paquistão por meio de um projeto para melhorar a higiene e a saúde nas escolas. O projeto beneficiará 40 mil crianças em idade escolar de Quetta, Karachi e Lahore com melhoria de instalações sanitárias e educação em higiene e saúde".

Todos esses aspectos dos negócios estão em transformação. O *quem* está mudando, pois as pessoas querem mais significado de suas marcas. O *quê* está mudando, pois somente os produtos não são mais suficientes, as pessoas exigem também serviços. O *onde* está mudando, pois comunidades digitais estão se tornando grandes lojas. O *quando* está mudando, deixando a ideia de horário nobre para a de negócio *24 horas*. E o *como* está mudando de monólogos para diálogos. A única coisa que não mudou – e que não mudará *nunca* – é o *porquê*. *Por que* é a pergunta mais antiga da humanidade e a resposta mais inovadora para os negócios. Quando trabalhamos no *porquê*, temos um *wow*.

A Estratégia WOW: Trabalhando no Porquê

Um momento *wow* (do inglês **w**ork **o**n **w**hy) ocorre quando vivenciamos algo inesperado – os primeiros passos de um bebê, um meteoro ou um pôr do sol – e compreendemos instantaneamente que isso faz parte de algo maior. Um momento *wow* reafirma nossas crenças e tira nosso fôlego. O propósito nos informa *por que* existimos, e isso direciona cada *quem, onde, quando, o quê e como*.

A estratégia criada pelo *porquê* cria momentos *wow*. Então, comecemos com esta primeira questão em mente:

Por que seu negócio existe? Se puder responder a essa pergunta, sua estratégia ficará clara. Quando construímos marcas fazendo a pergunta *por que* de forma autêntica, a resposta origina-se de um lugar de paixão pessoal, de crença arraigada, pensamento intuitivo, empatia e liberação criativa.

O *wow* transforma o consumo de bens em *presunção de fazer bem* – pessoas que supõem estar fazendo algo significativo. "O propósito nos conduz de volta às origens, infundindo energia nos membros de nossa equipe por meio de nossa vocação mais elevada de servir de elo entre pessoas, lugares, promessas e possibilidades", diz Laurie Tucker, vice-presidente sênior de marketing corporativo da FedEx. "Nossos aviões, caminhões, centrais e lojas são os condutores que utilizamos para cumprir nosso propósito na FedEx. Todo membro da equipe FedEx sabe 'o que' fazer, mas a paixão em fazer com que cada experiência da FedEx seja excepcional vem do nosso 'porquê'."

A estratégia é a direção, e a questão se torna: quem deveria traçá-la? Deveria ser determinada pelo mercado ou por seu lugar distintivo – sua organização? Se for considerada de longo prazo, que lugar pode ocupar numa sociedade focada no curto prazo?

Os Três Ws da Estratégia

Ao traçar uma estratégia movida a propósito, é útil lembrar os três Ws:

1. Para **quem** estou vendendo? (Who: seu mercado)
2. O **que** estou vendendo? (What: seu produto ou serviço)
3. **Por que** estou vendendo? (Why: sua razão de existir)

No passado, era suficiente saber para "quem" (Who) e o "que" estava oferecendo (What). Quando era redator publicitário em Nova York nos anos 1980, trabalhei numa infinidade de produtos que usavam a estratégia dos "dois Ws". O *"quem" (who)* de uma marca de papel higiênico podia ser de consumidoras do sexo feminino entre 24 e 39 anos de idade. O *"quê" (what)* poderia ser maior maciez e absorção. E, inicialmente, era só isso: filmar comerciais inteligentes e torcer pelo melhor resultado.

Se não funcionasse, a agência provavelmente seria despedida e a nova contratada mudaria a estratégia. Não é assim que se faz propaganda com significado. A adição do terceiro W – "por quê" *(why)* – abriu inúmeras possibilidades. Aquele papel higiênico poderia ter como foco um papel maior no mundo: proporcionar condições sanitárias para todo o planeta.

A estratégia com propósito não é impulsionada pelo mercado, mas pelo seu lugar distintivo – o papel da sua organização no mundo. Grande parte da estratégia, no entanto, é concebida para satisfazer as expectativas dos acionistas. Mas como ficam os outros interessados: os associados, os parceiros, a sociedade e o planeta? Fomos à principal empresa de estratégia do mundo para descobrir como abordam sua própria estratégia, levando em conta seu senso de propósito e sua cultura.

BCG: O Local de Nascimento da Estratégia

O melhor local para se aprender sobre estratégia é onde o termo *estratégia de negócios* foi usado pela primeira vez: o Boston Consulting Group (BCG).

Apontado pela revista *Fortune* como uma das 100 Melhores Empresas para se Trabalhar por sete anos consecutivos, listada nas duas primeiras posições em 2011 e 2012, o BCG ajuda as principais empresas do mundo a desenvolver e implementar estratégias vencedoras. O principal estrategista do BCG é o sócio sênior e diretor Mike Deimler, que gerencia a área de estratégia global da empresa.

Ele conversou comigo sobre cultura e sobre como a estratégia é movida por ela.

Deimler parece-se um pouco com Peter Parker, o homem por trás da máscara do Homem-Aranha. E ele sabe contar uma história tão bem como o Homem-Aranha tece sua teia. De acordo com Deimler, o fundador do BCG, Bruce Henderson, aspirava mudar o mundo desde o dia em que estabeleceu seu negócio, em 1963. Tanto é verdade que, ao inaugurar a primeira filial pouco tempo depois, Tóquio foi o lugar escolhido, e o raciocínio por trás disso foi: "Se pretende mudar o mundo, é necessário cobrir todo o território". Mais tarde, o BCG foi o primeiro grupo de consultoria a receber uma permissão do governo chinês para operar na China. Hoje, o BCG tem mais de 75 filiais em mais de 40 países.

Henderson, pai da consultoria de estratégia, foi uma figura icônica que, de acordo com Deimler, tinha um mantra. Citando a frase do matemático grego Arquimedes, "dê-me uma alavanca e um ponto de apoio

106   A CAIXA-PRETA DA ESTRATÉGIA

e eu moverei o mundo", Henderson lembrava a seus colegas: "O BCG é nosso ponto de apoio e nossas ideias são nossas alavancas. E é assim que mudamos o mundo".

Percebe-se um verdadeiro senso de propósito elevado à medida que Deimler repete seu fundador. "A estratégia de Bruce era mudar o mundo por meio de empresas e de segmentos da indústria como um todo. Ele fazia a mudança acontecer ao transformar a perspectiva de um cliente, e isso era possível por meio do intercâmbio de ideias entre as melhores cabeças do mundo".

Henderson exigia *insights* inovadores. Ele sempre reunia as pessoas numa sala para intensas sessões de discussão. "Ele colocava junto um grupo de pessoas extremamente inteligentes e radicalmente diferentes entre si, especialmente para a época. Veteranos experientes do mundo dos negócios, estudantes universitários recém-formados, pessoas com MBAs e com PhDs, todos sentados à mesma mesa, sendo julgados somente pela qualidade de suas contribuições. Em 1968 ele contratou Sandy Moose, PhD em Economia – uma das primeiras mulheres no ramo de consultoria e, posteriormente, a primeira mulher a se tornar sócia do BCG".

"Os investimentos do BCG sempre estarão na vanguarda", acrescentou Deimler. Para ele, isso significa ter foco na cultura e nos valores como aspecto integral da construção da empresa. Hoje em dia, o BCG passa mais de 100 horas conhecendo cada candidato aprovado numa seleção. Entre em qualquer uma de suas filiais e verá sua declaração de valores exibida de modo proeminente. Compareça a uma *town hall meeting* (reunião aberta à comunidade) na filial de Atlanta, e verá os valores do BCG pintados – *em letras de quase 1 metro de altura* – ao redor de todo o perímetro da sala: Integridade, Respeito pelo Indivíduo, Diversidade, Clientes em Primeiro Lugar, A Perspectiva Estratégica, Cumprimento dos Valores, Parceria, Expandindo a Arte do Possível e Impacto Social.

A colaboração, a geração de *insights* e o impacto são centrais à proposta de valores do BCG, mas o senso de propósito criou uma missão nuclear para todos os sócios e um compromisso coletivo de usar a estratégia como uma alavanca capaz de mover o mundo. Essa é a cultura cujo *ethos* é o eco eterno do fundador.

Estratégia

"Talvez a melhor de todas as estratégias dele tenha sido, ao se aposentar, entregar sua participação na empresa que fundara para os demais sócios, sem garantias além de uma promessa de fazerem o bem", diz Deimler. "Se você é um sócio do BCG, tem participação na empresa. É a única das grandes empresas de consultoria em que os sócios estão no mesmo nível hierárquico, em um sistema igualitário (*one-tiered system*). Todos os sócios têm voto, e as melhores ideias vencem. E as ideias são avaliadas por seu impacto nos clientes e no mundo".

Se Henderson estivesse vivo hoje, estaria comemorando o aniversário de 50 anos do BCG e veria seu legado de significado em ação por meio do foco continuado da empresa no impacto social: somente em 2011, o BCG aceitou 200 projetos em sistema *pro bono (gratuitamente)* para 120 organizações diferentes, cada uma delas tentando melhorar o mundo de alguma forma.

A Jornada do Herói

O erudito americano Joseph Campbell descobriu um padrão narrativo em todas as grandes histórias, uma jornada que viu representada repetidas vezes. Denominada por ele de A Jornada do Herói, é uma história de aventura em que o herói atinge a grandeza em nome da civilização ou, no caso de *Propósito*, da organização.

Odisseu em *A Odisseia*, Jack e Rose em *Titanic* e Dorothy em *O Mágico de Oz* são todos heróis nesse sentido – pessoas que estavam vivendo vidas previsíveis quando, de repente, foram chamadas a se aventurar. Relutantes a princípio, aceitaram o desafio, livraram o mundo do mal e retornaram a casa com algum bem maior para a sociedade.

Então, como isso afeta seu modo de pensar enquanto conduz seu negócio, trabalha para alcançar um objetivo e, nesse meio-tempo, faz diferença em seus resultados, assim como no propósito da humanidade? É simples: olhemos a estratégia do herói, bem como um exemplo que servirá de ilustração ao ponto que estou apresentando.

A Newell Rubbermaid Transforma o Propósito em Estrela

A jornada de 100 dias nos levaria a três continentes para coletar *insights* de mais de 300 líderes e associados. Os mais eminentes luminares da BrightHouse ampliariam ainda mais as perspectivas da equipe, assim como o papel que a Newell Rubbermaid poderia desempenhar no mundo. No final das contas, era um papel de destaque.

De marcas diferentes a marcas que fazem a diferença

Quando Dan Ferguson foi nomeado presidente das empresas Newell, em 1965, viu uma oportunidade maior que o comércio de varões para cortinas. Por meio de uma série de aquisições, ele transformou uma pequena empresa privada, que produzia um único produto, numa poderosa empresa de ferragens e produtos para casa. E sua aquisição mais importante ainda estava por vir, em 1999, com a compra da Rubbermaid, o que dobrou o tamanho da empresa e deu origem à Newell Rubbermaid.

Quando Mark Ketchum foi nomeado diretor executivo, em 2005, sua empresa já tinha adquirido 70 marcas em 30 anos de existência. O desafio agora era fazer o nome Newell significar mais que uma federação de negócios independentes. Era necessário um propósito maior, e as palavras "Marcas que Fazem a Diferença" foram adicionadas ao logotipo da empresa para enfatizar essa estratégia.

Os pais aprendem com o filho

Perguntam-me com frequência se o propósito começa no nível corporativo ou no nível da marca, e a resposta é: em ambos. Cada entidade tem seu próprio DNA. Enquanto na P&G começou no nível corporativo, na Newell Rubbermaid começou no nível da marca.

A vantagem de começar no topo é que isso envia uma mensagem clara para todas as marcas de que o propósito está chegando. Por outro

Estratégia

109

lado, uma ótima razão para começar no nível da marca é que isso pode ser usado como um teste. No caso da Newell Rubbermaid, começou com a insistência do presidente da Graco, Jay Gould, de que a marca de produtos infantis tinha um significado maior.

Quando o propósito da Graco – "cuidar de quem cuida deles" – foi apresentado pela primeira vez, os empregados foram literalmente às lágrimas, agradecendo-me por reconhecer os verdadeiros valores de sua marca. Essa descoberta havia reconectado a Graco a seu passado, inspirando uma estratégia movida a propósito: ser mais que apenas uma empresa de carrinhos de bebê e cadeirinhas de automóveis, mas um recurso para os pais. As receitas cresceram quase 50%.

Este trabalho de propósito provocou um efeito dominó que mobilizaria quase todas as marcas da Newell Rubbermaid a buscar e contar a história de seu propósito. "Tínhamos um verdadeiro fogo dentro da organização. E ele se espalhou", diz Gould. Em breve, quase todas as marcas tinham descoberto, articulado e ativado seus propósitos. Ketchum reconheceu o potencial de um propósito maior, alinhando os propósitos de cada marca individual ao da corporação como um todo.

Iluminando o que importa

Depois de completar o trabalho de propósito para 11 marcas da Newell Rubbermaid, a BrightHouse começou então o trabalho sobre o propósito corporativo e reuniu uma equipe de luminares que incluía um historiador, um biólogo evolucionista, um neurocientista e o filósofo Dr. Sam Keen. Dois temas emergiram em nossa síntese: *sistemas bem-sucedidos são interdependentes* e *o que importa para as pessoas são histórias autênticas e significativas das quais se sintam parte*.

A equipe observou que sistemas saudáveis floresciam na interdependência. Ademais, marcas que fazem com que as pessoas se sintam bem consigo mesmas criam indivíduos seguros e que têm coragem de viver plenamente a vida. Era hora de juntar tudo isso.

"O propósito é o que une as marcas e a empresa. Vendemos de tudo, de serras a carrinhos de bebê, mas o propósito unifica tudo", conta Ketchum.

A CAIXA-PRETA DA ESTRATÉGIA

A seguir estão os valores que fazem com que a Newell Rubbermaid se destaque quando se trata de empresas de propósito.

Nosso espírito empreendedor estimula o crescimento
Nossa interdependência impulsiona o sucesso
Prosperamos por meio da inovação
Nossas marcas inspiram paixão
Levamos o que importa para nosso trabalho

Procurando pelos valores em todos os lugares certos

A jornada fez com que a equipe entrasse em contato com as histórias e características-chave das marcas para reunir as principais qualidades e transformá-las em valores.

- **Nosso espírito empreendedor estimula o crescimento:** unidos pelo espírito fundador dos primórdios da empresa, construímos nossos alicerces sobre a energia desses fundadores, como Ron Kasperzak, da Calphalon; Patrick Frawley, da Paper Mate; e Bill Petersen, da Vise Grip; indivíduos inteligentes que definiram uma mentalidade de inovar ou desaparecer.

- **Nossa interdependência impulsiona o sucesso:** lâminas para serras podem aprender com a experiência de carrinhos de bebê, assim como canetas com a de esfregões. Por que não comprar de um único lugar em vez de uma dúzia de lugares diferentes? Empresas em um só local trabalham melhor juntas. Embora cada uma tenha algo único a oferecer, têm uma coisa em comum – todas são marcas que fazem a diferença para os interessados diretos e indiretos.

- **Prosperamos por meio da inovação:** nossas marcas fazem a diferença porque são amadas pelas pessoas, e não simplesmente porque têm bons preços ou margens especiais. Relatos de inovação da Rubbermaid, da Paper Mate, da Calphalon, da Vise-grip (da Irwin) e da Lenox retratam uma história de inovação rápida.

- **Nossas marcas inspiram paixão:** o *blog* do bebê da Graco, a linha Unison da Calphalon e a linha Inkjoy da Paper Mate lideraram uma revolução que despertou o que havia de melhor nas pessoas – e não somente no mercado, mas também na sede da empresa, entre orgulhosos associados.
- **Levamos o que importa para nosso trabalho:** nosso pessoal se entrega por inteiro – desde seu conhecimento técnico do mundo dos negócios até suas experiências como seres humanos – ao seu trabalho. Não se trata de equilibrar vida e trabalho, mas de integrá-los.

Um Truque Que Eu Não Trocaria por Nada

Quando eu estava no sexto ano, minha mãe, Phylliss, ensinou-me um truque para quando eu fosse escrever que uso desde então. Acabava de escrever uma redação e ela pedia que lesse em voz alta para ela. A linha final era sempre a melhor; ela dizia que era onde a mágica ficava armazenada. E como isso pode nos ajudar a descobrir sua *Master Idea*?

Escreva uma narrativa usando seus valores, e a linha final de sua história permitirá vislumbrar – ou talvez até já contenha – a sua *Master Idea*. Veja, a seguir, um exemplo da Newell Rubbermaid.

Quando a Graco cuida dos cuidadores para que possam cuidar de seus bebês, quando a Goody incute autoconfiança por meio da beleza e do estilo e a Irwin dá aos vendedores a coragem de buscar a glória, quando a Calphalon congrega as pessoas por meio de seu apetite pela vida, a Decor ajuda pessoas a criarem espaços que as satisfaçam, quando a Lenox usa sua paixão para construir mais e melhor, quando a Rubbermaid ajuda a organizar a vida para que se possa viver de modo mais pleno, e quando a Paper Mate emprega coração para conectar pessoas a suas imaginações, a Newell Rubbermaid pode reivindicar sua *Master Idea* e seu papel no mundo: "Ajudar pessoas a prosperarem onde elas moram, estudam, trabalham e brincam". "Adoro a ideia de prosperar porque é traço comum a nossa liderança, a nossos empregados, e é um farol para um portfólio bastante complexo", diz Kristie Juster, veterana com 17 anos de Newell Rubbermaid e presidente da Graco. "É o que move nossa estratégia." (Ver Figura 7.1.)

FIGURA 7.1 Estrela do Propósito da Newell Rubbermaid

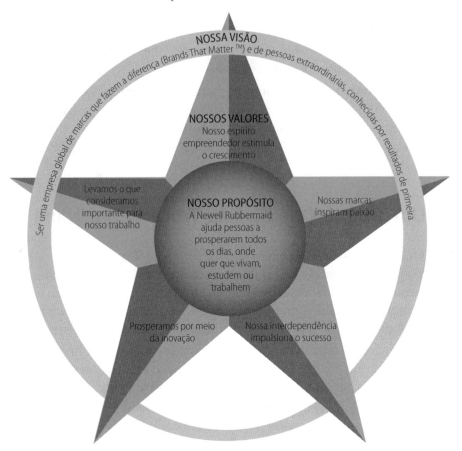

Fonte: Newell Rubbermaid.

Redefinindo o Plano da Vitória

Quase 7 bilhões de pessoas habitam o planeta. Desses, 800 milhões participam do funcionamento cotidiano da economia global. Outros 2,5 bilhões nos mercados emergentes estão se preparando para fazer parte *da economia lucrativa*. Ainda restam, pois, mais de 4 bilhões de pessoas pobres que, se tivessem a oportunidade de participar, poderiam gerar novas riquezas para todos.

Esse cenário vencer ou vencer redefine o plano da vitória. Nessa história, as empresas crescem porque isso ajuda as pessoas a crescerem. O prazo de validade de estratégias estreitas já venceu. Essa nova abordagem abarca o maior mercado disponível – o mundo.

O economista Milton Friedman ensinou a toda uma geração de empresários que sua principal estratégia era a maximização dos lucros. No entanto, essa estratégia minimiza a importância da sociedade ao deixar mais da metade do mundo entregue à própria sorte. O verdadeiro mercado potencial para os negócios, portanto, é o de pessoas que *finalmente* estão sendo reconhecidas. E a melhor estratégia é aquela em que todos vencem.

Construindo uma Nova Estratégia para Cimentar o Futuro

Imagine que sua estratégia de crescimento fosse focada nos dois terços do mundo sobre os quais nunca havia pensado antes. A Cemex, a maior empresa de cimento do mundo, fez exatamente isso. Em 1994, depois de uma grave recessão econômica, a Cemex foi forçada a rever sua estratégia. A liderança logo percebeu que todos os segmentos sociais, com exceção das pessoas mais pobres, estavam puxando as vendas para baixo. Mas espere um pouco – essas pessoas pobres representavam 40% de seu negócio.

A liderança da empresa emitiu uma "declaração de desconhecimento", uma mensagem para ela mesma de que era melhor que conhecesse bem essas pessoas. Gestores foram enviados a favelas para conhecer de perto os clientes mais fiéis da Cemex. Descobriram que essas pessoas, que por falta de recursos financeiros não tinham alternativa a não ser construir suas próprias casas, levavam cerca de 13 anos para ver seus projetos concluídos.

A Cemex lançou então um programa chamado *Patrimonio Hoy* (Patrimônio Hoje) – ou direito de propriedade – que viabilizava o acesso de famílias de baixa renda a soluções acessíveis para a construção de suas residências. Por exemplo, 80% de todos os empréstimos foram financiados sem nenhum tipo de pré-requisito. Desde sua entrada em operação, em 2000, o programa *Patrimonio Hoy* já forneceu soluções acessíveis a mais de um milhão de pessoas em toda a América Latina e possibilitou que mais de 350 mil famílias construíssem casas próprias.[2]

A Cemex encontrou a argamassa do sucesso. Reduzindo a pobreza, a empresa descobriu a riqueza – espiritual e financeira – que pode resultar da mitigação dos males do mundo. Foi uma estratégia completamente nova de incorporar as necessidades do mundo à estratégia da corporação. Em *O capitalismo na encruzilhada*, o autor Stuart L. Hart aponta que "As margens de lucro provavelmente serão baixas (em comparação com o que se considera a norma atualmente), mas as vendas unitárias serão extremamente altas". Nesse caso, as margens mais baixas tiveram representatividade marcante.[3]

Para Hart – e para mim –, os negócios devem criar estratégias que sustentem a *vida*, e não simplesmente os próprios negócios. A economia de Friedman deixava de lado a economia da humanidade, cujas ações flutuam de acordo com a confiança que temos nela.

O *ethos* da vida sempre foi o sentido; nossas culturas sempre ansiaram por isso. Nossos valores nos guiam para isso. Agora, nossas estratégias devem recuperar nosso direito a vidas produtivas, felizes e saudáveis.

Vantagem Competitiva *versus* Vantagem Distintiva

Queremos ainda examinar o conceito de *competição*. É simplesmente insustentável, num mundo interdependente, a noção de aniquilar o outro. A palavra *competição* já nos fornece pistas de uma estratégia melhor, uma vez que é derivada da palavra latina *competere*, que significa "empenhar-se junto".[4]

Onde fica, então, a noção de vantagem competitiva? O guru dos negócios Michael Porter propôs uma teoria em 1985: uma empresa ou uma marca tinham vantagem competitiva se tivessem custo mais baixo ou diferenciação. Mas seria esse o caso no mundo moderno?

Dada a velocidade em que as empresas de hoje funcionam, além do enorme território geográfico que cobrem, as vantagens de marcas e organizações podem ser igualadas ou incorporadas instantaneamente. A vantagem competitiva de hoje é a ineficácia ou a aquisição de amanhã. Além disso, o termo "vantagem competitiva" não se encaixa no léxico do propósito, por ser efêmera e se basear em pontos fortes e fracos.

Anos atrás fui convidado como principal palestrante da *Atlanta Competitive Advantage Conference* (Conferência sobre Vantagem Competitiva de Atlanta, ACAC) intitulada Vantagem Distintiva. Perguntei à plateia o mesmo que pergunto a você agora: "O que distingue sua empresa ou sua marca? O que nenhuma outra marca ou organização possui?". Se você tem o mesmo que todos, é dispensável. O que você quer é ser *indispensável*.

E somente o caráter distintivo cria o caráter indispensável. Faça a pergunta: "O que o mundo perderia sem *meu* produto ou serviço?". Se a resposta for "nada", então você deixou passar um dos muitos talentos diferenciais de marcas e empresas de propósito.

Afinal de contas, até mesmo algo descartável pode ser indispensável.

Como Ser Indispensável

A Dixie é uma marca famosa em sua categoria, além de representar bem um item que é descartável e indispensável. Para entender por quê, empreendemos uma jornada de volta a seu propósito original e à estratégia da empresa.

Segundo a história, dois homens de Boston, Hugh Moore e Lawrence Luellen, ficaram horrorizados, em 1907, com o uso de canecas nos bebedouros públicos que permitiam a qualquer pessoa, inclusive aquelas com doenças infecciosas, mergulhar o utensílio na mesma água consumida por todos. Eles denominaram sua invenção de Health Kup (copo da saúde) e, mais tarde, a empresa foi renomeada como Dixie Cup Company.

A Dixie estudou atentamente sua história para descobrir um *ethos* que fosse significativo dentro da organização: mudar comportamentos para melhorar vidas. A empresa foi fundada há quase um século com

116 A CAIXA-PRETA DA ESTRATÉGIA

a crença de que uma mudança simples de comportamento poderia levar a melhorias monumentais na vida das pessoas. Com seu propósito original intacto, como poderíamos fazer com que fosse tão verdadeiro, hoje, para pratos como havia sido, naquela época, para copos? A estratégia era a seguinte: fornecer os melhores produtos descartáveis que protegessem e promovessem o indispensável – saúde, família e convivência. Minimizar o que não tinha importância – lavar pratos – e maximizar o mais significativo e o que era (e é) verdadeiramente distintivo sobre sua marca. A marca Dixie chegou a sua *Master Idea* "Ser indispensável". Essa *Master Idea* foi usada internamente pelas equipes para orientar a criatividade sobre como deveriam pensar no papel da marca na vida dos consumidores. Ela forneceu a estrutura para pensar a concepção de novos produtos e em como a empresa apelava aos consumidores.

Hoje, os pratos da Dixie fazem dela a marca líder de pratos descartáveis nos Estados Unidos, e os produtos Dixie incluem diversos tipos de copos descartáveis, guardanapos e pratos que "acrescentam conveniência ao cotidiano das famílias de hoje, ajudando-as a aproveitar sua convivência ao máximo".

Localize Sua Caixa-Preta

O propósito é atemporal. A estratégia, no entanto, adapta-se aos tempos. Quando impulsionada por seu *ethos,* sua cultura e seus valores, essa caixa-preta da estratégia torna-se o plano de ação para sua missão mais profunda. A estratégia de marketing da Graco foi impulsionada por seu propósito: "Cuidar de quem cuida deles". Eles rapidamente redirecionaram seu foco do marketing tradicional e das mídias convencionais para o marketing social e comunitário. O *blog* da Graco é uma ferramenta extremamente bem-sucedida, mantendo um diálogo para ajudar mães em suas jornadas pela maternidade. A Calphalon levou seu propósito – "Compartilhar o Apetite pela Vida" – a sério ao mudar o foco do seu marketing dos benefícios do produto para os benefícios emocionais, ajudando as pessoas a se reunirem em torno da preparação e degustação do alimento. Como disse Kristie Juster, então vice-presidente executiva e gerente geral da Calphalon, "sempre houve mágica na Calphalon, mas tivemos dificuldade em descrever essa magia. Nosso propósito, 'Compartilhar o Apetite pela Vida', conseguiu articular essa mágica pela primeira vez. Compartilhar agora é nossa responsabilidade comum. Costumávamos ter um foco centrado nos benefícios de nossos produtos, mas, com o propósito, tudo se resume a como nossos consumidores se beneficiam".

Os carros da Volvo são famosos pela segurança desde que seus fundadores construíram automóveis capazes de enfrentar as sinuosas estradas da Suécia. Esse propósito fez com que Nils Bohlin, inventor sueco e funcionário da Volvo, desenvolvesse o primeiro cinto de segurança moderno, de três pontos, usado na maioria dos carros hoje. "Somente nos Estados Unidos, de acordo com o *National Highway Traffic Safety Administration** *cintos de* segurança salvam mais de 11 mil vidas a cada ano"[5].

O nome da empresa de nutrição, saúde e bem-estar Nestlé significa "pequeno ninho". Como tal, o *ethos* da empresa consiste em nutrir a vida, e seu logotipo, uma mamãe pássaro alimentando seus dois filhotes, ilustra o moral e o propósito genuínos da marca. Ao trazer à vida o espírito do ninho, tanto para seu público interno como externo, a Nestlé pode nutrir o corpo e a alma de seus empregados, assim como de todas as pessoas que já alimenta. Tendo um grande propósito como apoio, a estratégia visando um mundo mais nobre vem a seguir.

De acordo com Tom Buday, diretor de marketing da Nestlé, "o propósito da Nestlé é melhorar a qualidade de vida com alimentos e bebidas de qualidade em todos os lugares. Isso era verdadeiro quando nosso fundador, Henri Nestlé, criou uma fonte alternativa de nutrição infantil para mães que não podiam amamentar no peito, combatendo a mortalidade infantil decorrente da desnutrição. E continua verdadeiro hoje, quase 150 anos depois".

Uma estratégia com propósito é centrada num único aspecto, o que é interessante porque evita distrações. Esse tipo de estratégia fornece

---

* Órgão do governo americano encarregado da segurança de veículos automotores e das estradas. (N. do T)

118   A CAIXA-PRETA DA ESTRATÉGIA

parâmetros às organizações, não diretrizes. Os heróis corporativos tornam o propósito pessoal, e não somente prescritivo. Vivendo no mundo mais dinâmico e complexo de todos os tempos, a estratégia movida a propósito fornece aos associados tanto um sonho como um plano para alcançá-lo. Não importa se falamos de uma consultoria ou de uma empresa de cimento, o propósito vai auxiliá-lo a construir uma estratégia em face da crescente complexidade.

Qual é o Propósito deste Capítulo?

- O propósito fornece um *sentido*. A estratégia fornece as *direções a serem seguidas*.
- As estratégias são oportunas. O propósito é atemporal.
- A estratégia movida a propósito fornece aos associados tanto um sonho como um plano para alcançá-lo.

Dicas de Propósito

- Trabalhe no seu *porquê* e surpreenda-se com o resultado.
- Seja distintivo em vez de competitivo.
- A estratégia não é impulsionada pelo mercado, mas por seu lugar distintivo.

Tática

Tudo o Que Você Precisa é Amor

Por que se contentar com lealdade quando se pode ter amor?
— Joey Reiman,
sobre relacionamentos com as partes interessadas

A Corrente do Golfo atinge seu pico de temperatura em julho, o que significa que a temperatura da água é de 30 °C. Um pouco a menos e você começa a tremer de frio – e não há o que amenize isso depois que começa. O que a nadadora Diana Nyad, de 62 anos, mundialmente conhecida, queria em sua travessia de 166 km de Havana, em Cuba, a Key West, no estado da Flórida, era o que os marinheiros chamam de calmaria equatorial: um intervalo de três dias em que o mar assemelha-se a vidro. Durante as calmarias, seus únicos problemas são tubarões capazes de devorá-la e águas-vivas mortalmente venenosas.

Seu segredo é o destemor – e seu desodorante é o Secret ("segredo", em inglês). E é assim que será feito o marketing no futuro. A parceria com Nyad é resultado de um *branding* alimentado por propósito da Procter & Gamble (P&G).

Amor É o Segredo

Você ama seu propósito? A resposta a essa pergunta representa a diferença entre um bom marketing e um excelente. Quando se apaixonou por sua alma gêmea, o que disse a ela? "Eu te amo". E o que fez então? Contou para todo mundo! O melhor marketing trabalha da mesma maneira. E, como a mídia preferida nos dias de hoje é a digital, não há como prever a velocidade com que uma mensagem significativa viajará – a menos que você saiba o segredo.

A Secret é uma das marcas bilionárias da P&G – cuja nova iniciativa de construção de marca é o propósito. A Secret apresenta um novo propósito: "Ajudar mulheres de todas as idades a serem mais destemidas". Até recentemente, os profissionais de marketing da P&G – como a maioria – apostava no ponto de diferença da marca. No caso da Secret, isso era ajudar as mulheres a terem menos receio quanto à possibilidade de suar. Agora, com um ponto de vista inspirador – "ajudar mulheres de todas as idades a serem mais destemidas" –, as mulheres se apaixonam. E elas gritam para o mundo inteiro ouvir.

Em 1956, o Secret tornou-se o primeiro desodorante e antitranspirante a ser fabricado e anunciado especificamente para mulheres. O pensamento por trás disso foi que homens e mulheres têm necessidades diferentes quando se trata de proteção. Mas também era uma época em que as mulheres entravam, em massa, no mercado de trabalho. É isso que dá ao Secret um propósito maior: não só ele era mais eficaz, mas agora também era um símbolo de mulheres saindo de casa para trabalhar – um ato destemido na época.

Conheci Diana Nyad quando fizemos parte do conselho da World TEAM Sports,* por isso, sabia que tinha uma fórmula vencedora nas mãos: um propósito poderoso do Secret e um símbolo humano que o incorporava. Diana concordou, e assim começou a parceria inspirada por propósito entre o Secret e Diana Nyad.

No verão de 2010, as inclementes condições climáticas impediram Nyad de realizar seu sonho de fazer a travessia. No entanto, ela capturou

---

* Organização sem fins lucrativos que promove eventos esportivos para pessoas com deficiência. (N. do T.)

os sonhos de milhares de mulheres via Facebook. No verão seguinte, ela saiu da água a 95 quilômetros de Havana por causa do contato com águas-vivas venenosas que lhe provocaram uma parada respiratória.

Ainda que Nyad tivesse que colocar seu sonho em compasso de espera, ela lançou milhares de outros. Sua tentativa oceânica de fazer o que nenhum outro ser humano conseguira antes teve um efeito cascata sobre mulheres do mundo todo.

Marketing Mouse a Mouse

A eficácia das táticas movidas por propósito é mais bem compreendida por meio dos números. A parceria entre o desodorante Secret e Diana Nyad aumentou as vendas da versão *Clinical Strength Waterproof* em dois dígitos, apesar de, àquela altura, já estar no mercado havia dois anos.

A evolução do marketing boca a boca é o marketing mouse a mouse. A página do Secret no Facebook tornou-se a segunda que mais cresce no planeta. O número de visitantes diários aumentou em quase 2.500%. O mais recente esforço do Secret inspirado por propósito é o "Mean Stinks" ("o mal fede"), uma campanha contra o *bullying* criada pela agência MEplusYOU. A página da empresa no Facebook atraiu mais de 200 mil fãs em um dia, e o Secret experimentou crescimento significativo – de dois dígitos – nas vendas. O Secret não só tinha construído uma marca melhor, havia criado algo que substituirá a *marca* no futuro. Secret havia construído uma comunidade. Marcas são construídas com dinheiro; comunidades, com significado.

O Secret somava mais de 1,5 milhão de fãs no Facebook em 2012 quando, depois de nadar 80 quilômetros, devido a queimaduras causadas por águas-vivas mortais, ventos inclementes e relâmpagos estrondosos, Nyad foi forçada a abandonar sua quarta tentativa de fazer a travessia, mas consolidou seu legado como uma das mulheres de mais propósito de todos os tempos.

A equipe de marca do Secret ganhou elogios dos executivos da P&G, ilustrando o poder do propósito e como era possível passar da lealdade ao amor. Não há propósito no mundo mais importante que o amor. E, agora, *você* pode usar esse segredo para ativar o propósito da sua marca e da sua empresa.

O Negócio do Amor

Embora amor e negócios pareçam parceiros estranhos, a neurociência afirma que, no âmago de cada decisão, as emoções estão fazendo a escolha. O cérebro pode controlar todo o resto, mas o coração controla o cérebro. E essa é a razão de o coração ser um capítulo importante neste livro sobre a história do propósito.

Começo minha aula sobre ideação todo semestre com este conselho: "Nunca case com alguém que não compartilhe seu entusiasmo". Excelentes relacionamentos ocorrem entre duas pessoas quando uma torce pela outra. Depois de 23 anos de casamento, fazer fanfarra pela pessoa que você ama, e pelo que é importante para ela, é essencial. E as marcas funcionam da mesma maneira que as pessoas. Os associados do Whole Foods Market esforçam-se ao máximo para demonstrar aos clientes que são fãs do entusiasmo deles, e fazem isso puxando conversa. Como exemplo, uma cliente que tinha comprado um peru em uma das lojas da rede acabou queimando a ave no Dia de Ação de Graças. Ela ligou para a loja para saber se ainda restava algum peru. Em questão de horas outro peru chegou à sua porta, acompanhado de um *chef*, que preparou a ave para a cliente e sua família. O Whole Foods Market conquistou algo mais forte que lealdade: o *amor* de seus clientes.

Para entender melhor como o amor funciona e como podemos aplicar isso aos negócios, voltamo-nos ao trabalho do Dr. Robert Sternberg, professor de psicologia e educação, vice-reitor e membro do conselho da Oklahoma State University, que dedicou os últimos trinta anos a sistematizar o amor. De acordo com ele, o amor é composto de uma tríade: intimidade, paixão e compromisso.

Paixão + Intimidade = Amor romântico

Intimidade + Compromisso = Amor companheiro

Paixão + Compromisso = Amor transitório

Paixão + Intimidade + Compromisso = Amor perfeito

A paixão envolve atração física, a intimidade envolve partilhar segredos, e o compromisso envolve a decisão de estar em um relacionamento. Sternberg chama isso de Triângulo do Amor. Eu chamo de o novo marketing – mensagens carregadas de emoção que criam mensageiros extremamente entusiasmados.

Os três elementos juntos equivalem ao *amor perfeito* ou, como nós chamamos, à *União com a marca* (Figura 8.1). E aqui está a lição: se quer passar do mero engajamento a compromissos mais sérios e duradouros, precisa tocar as pessoas. Se fizermos a correlação

FIGURA 8.1 União da Marca da BrightHouse

Fonte: © BrightHouse. Ilustração de David Paprocki.

para os negócios do sistema de Sternberg, teremos algo que já poderemos começar a usar amanhã.

Paixão da Marca + Intimidade da Marca + Compromisso da marca
= União da marca

Vejamos agora como isso funciona pelas lentes da campanha do Secret com Diana Nyad.

Paixão da marca

A cada braçada dada por Nyad, ela exala a paixão da marca. A Secret, de maneira bem-sucedida, conseguiu levar seu produto das axilas ao coração das mulheres. O diálogo criado há três anos ainda se mantém – e a Secret nunca deixou que esmorecesse. Sua constância de propósito fica evidente por suas plataformas apaixonadas, como o mergulho com Diana e a posição firme tomada em relação ao *bullying*.

A paixão acontece quando questões nos tocam, e você precisa descobrir sua questão em sua própria história de propósito. Um modo de fazer isso: retorne ao *cartoon* do "Story Template" (molde de histórias) na introdução e descubra o seu "era uma vez", seu "de repente", seu "no momento certo" e seu "felizes para sempre".

Intimidade da marca

No marketing, a intimidade é criada por meio do compartilhamento, o que fazemos utilizando o propósito como um veículo para contar uma história, assim como para escutar o que as pessoas têm a dizer. O radical da palavra latina comunicação é *communicatio*, que também significa "compartilhar".[1] Manter um diálogo constante, não um tradicional monólogo midiático, é o que há de genial em plataformas como o Facebook e o Twitter. **Como a sua empresa compartilha histórias com clientes e funcionários?**

Compromisso da marca

Compromissos não são feitos em planilhas ou planejamentos de mídia. Eles são estabelecidos no dia em que a empresa ou a marca nascem, e devem ser reiterados todos os dias depois disso. A Starbucks demonstra seu compromisso a ideais mais elevados 24 horas por dia, 7 dias por semana. No Dia da Independência* de 2012, Howard Schultz, CEO da Starbucks, solicitou que os líderes da nação deixassem o par-

---

* Nos Estados Unidos, 4 de julho. (N. do T.)

tidarismo de lado em busca de parcerias que oferecessem soluções concretas. Para estimular o debate, a Starbucks convidou os cidadãos americanos a tomar um café de graça nas lojas da rede em 4 de julho.[2]

O Amor É um Supermercado

Embora seja um candidato improvável a modelo de negócios, um mercado butique em Fire Island, um resort de veraneio no estado de Nova York, dá conta do recado.

O Seaview Market representa um modelo da prosperidade que uma empresa pode esperar quando ama seus clientes. Em vez de se preocupar exclusivamente com excelência operacional e eficácia, eles construíram seu sucesso por meio da prática da arte de amar.

A paixão por seu produto é a melhor prática: garante melhorias constantes e, no caso do Seaview Market, ingredientes mais frescos, originários das melhores fontes, garantindo surpresa e deleite.

Comunicar-se com seus clientes e reagir a eles cria intimidade. No caso do Seaview Market, o proprietário descobriu que nosso filho mais novo, Julien, gostava de Cocoa Puffs [cereal de chocolate], um produto encontrado apenas no continente. Na manhã seguinte, estava na nossa mesa.

E, finalmente, compromisso. Paixão e intimidade sem compromisso são, na melhor das hipóteses, um caso passageiro ou um cliente de uma única compra. Compromisso exige ações diárias de amor e atenção, assim como em qualquer relacionamento saudável.

Durante a mais recente estadia de nossa família em Fire Island, os proprietários não somente nos forneceram peixe-espada que havia sido pescado na noite anterior, mas ainda o prepararam de modo magnífico e serviram-nos à beira do cais. O repasto incluiu nossos vinhos favoritos. Ficamos tão tocados por esse gesto que também atribuímos a eles o pôr do sol que parecia uma pintura.

Ao amar seus clientes do modo mais genuíno possível, esse pequeno mercado ensina a maior lição de todas.

O Amor Começa em Casa

Neste caso, casa pode ser o escritório. Empresas impulsionadas por propósito cuidam de seus associados para que eles cuidem de seus clientes. Quando experimentam paixão, dividem intimidade e comprometem-se com uma promessa internamente, as pessoas aprendem a fazer isso com o público externo.

Paixão da empresa

A sede da Nike traduz a paixão da marca por meio de salas de *fitness* de última geração, uma piscina olímpica, dois campos de futebol, uma quadra de basquete, uma pista de atletismo de 400 metros e um campo de golfe para prática de tacadas de curto alcance.[3] Em novembro de 2010, o Google colocou sua paixão no bolso dos empregados por meio de um bônus em dinheiro de US$ 1.000 e um aumento de 10%.[4]

Desde que a BrightHouse abriu as portas, os pensadores da empresa recebem o bônus "Presente da Vida" – quando algum associado tem um bebê, ele recebe um bônus de US$ 500 e as boas-vindas à família BrightHouse.

A sede do Whole Foods Market em Austin, Texas, tem uma grande praça no terraço, com uma área que é usada para música ao vivo no verão e que vira um rinque de patinação aberto ao público no inverno.

Conforme as pessoas passam mais tempo nos escritórios da sede da Newell Rubbermaid, a empresa economiza tempo para seu pessoal com uma academia de ginástica completa e serviços de lavanderia no *campus*.

Um dos princípios norteadores que ilustram o porquê de a Nordstrom ser bem-sucedida deriva do *Jeito Nordstrom*: "A Nordstrom empodera seus empregados com a liberdade de tomar decisões e se dispõe a conviver com essas decisões. Delegar autoridade e responsabilidade é a expressão máxima de liderança".[5]

Compartilhamento da empresa

A 3M, fabricante que cria dezenas de milhares de produtos, incluindo adesivos, laminados e abrasivos, acredita em compartilhar conhecimentos entre equipes para criar ideias e inovações melhores. A empresa tem reuniões regulares para compartilhar conhecimentos e até criou um Conselho Técnico, de modo que os líderes dos diversos laboratórios possam se encontrar regularmente e compartilhar ideias.[6] O Walmart oferece um Programa Voluntário de Sustentabilidade Pessoal por meio do qual trabalha com empregados interessados em criar programas que tenham um impacto positivo no meio ambiente, em suas comunidades e na saúde.[7]

Compromisso da empresa

A maior parte das pessoas já ouviu histórias sobre as grandes vantagens de trabalhar no Google: lavanderias, alimentos orgânicos, academias de ginástica, massagens, consertos de bicicleta, médicos e barbeiros no local de trabalho – tudo isso é oferecido aos empregados para que eles saibam que são valorizados. A Southwest Airlines tem uma política de demissão zero.[8] Mesmo após o 11 de setembro, em que os concorrentes estavam demitindo sua força de trabalho, a Southwest manteve-se firme em sua crença de proteger a saúde de longo prazo da empresa, assim como a lealdade e o amor dos empregados. E a fabricante de motocicletas Harley-Davidson criou o Centro de Aprendizagem, um espaço dedicado a fornecer recursos para que os empregados experimentem um aprendizado contínuo.[9]

Muito já foi dito e escrito sobre *marketing de relacionamento*. Mas aqui há uma importante distinção a ser feita: nem todos os relacionamentos são criados igualmente. Como vimos com Sternberg, há pelo menos três tipos de marketing de relacionamento. O melhor deles é o amor perfeito, ou o que chamamos de união da marca. Como um bom casamento, a união da marca unifica dois entes para criar um terceiro: um relacionamento para a vida toda. Aqui, o que você compra é aquilo em que acredita. Como o Dr. Rick Gilkey, professor da Emory, afirma: "É a diferença entre isso é meu e isso sou eu". Fanáticos pela Apple são exemplos de pessoas que, em seu próprio eu, ficam imbuídas do caráter ou do *ethos* da marca.

Que Marca Você Ama?

Para ressaltar um ponto importante sobre o amor, todo semestre faço a mesma pergunta a minhas turmas: "Que marca vocês amam?". Quase todos têm a mesma resposta: "Apple". Então, pergunto se algum desses Apple ("maçã", em inglês) são abacaxis, isto é, eles quebram? Vejo mãos levantadas. Então os produtos da Apple não são perfeitos. Continuo: "Vocês ainda amam a Apple?". "Sim" é a resposta, o que leva a minha pergunta seguinte: "Que marca vocês odeiam?". E a resposta, unânime: "A empresa de TV a cabo".

A lição aqui é que nada é mais poderoso que o amor, tanto para as pessoas como para os produtos. A Apple adora a letra "i": iPods, iPads, e eu [em inglês também representado pela letra "I"], a pessoa. A Apple faz com que você se sinta especial. Aplicativos são um modo de dividir essa paixão com o mundo. E o compromisso? Assim que você começa a achar que tem o aparelho mais incrível, a Apple lança um mais incrível ainda. Pergunte a si mesmo: "Que marcas você ama? Que logotipos fazem você sorrir?". E o que eles têm para causar essa reação positiva? Como o professor Jag Sheth escreveu em seu livro, pleno de propósito, *Os segredos das empresas mais queridas*, "empresas amadas tendem a ser duradouras".[10]

Apoie Minha Marca que Apoiarei a Sua

Casamentos lendários e o marketing têm uma característica comum: começam com um *chocolate no travesseiro*. Quando você recebe algo bom, quer retribuir.

Uma empresa iniciante chamada Hiya Media, conhecida simplesmente como hiya!, transportou a avaliação de produtos ao século XXI ao usar as mídias sociais para permitir que as pessoas mandassem amostras dos produtos umas às outras como presente. Paul Woolmington chama isso de *social sampling* (amostra social). O advento do propósito fará com que as empresas desenvolvam um modo novo e mais amoroso de trabalhar. Diretores de marketing agirão mais como diretores de casamento, aconselhando empresas e marcas em relação a criar relacionamentos autênticos e genuínos em suas sedes e com clientes em todas as partes do mundo. Ações benevolentes das empresas substituirão as campanhas publicitárias das agências. Diga adeus a palavras ultrapassadas como *consumidores, alvos, segmentação, alcance e frequência, impressões, pontos de diferença, marketing integrado, proposições de venda* (nem tão) *únicas, compra de mídia* (desnecessária), e até mesmo o conceito de marca como o conhecemos.

Darwin Faz uma Visita ao Marketing

A palavra *brand* (marca) tem origem no inglês arcaico, na palavra *brand* ou *brond*, significando "fogo, chama; tição, brasa, tocha".[11] Ferreiros do século XIX (e não especialistas do marketing) criaram o *branding*. Sem nenhum modo de identificar e catalogar os rebanhos, os ferretes de marcar gado aplicavam logotipos ao couro da traseira dos animais, mandando um sinal claro de "isto me pertence" de um fazendeiro a outro.

Em um movimento rápido, o *branding* se tornou quente como ferro em brasa. E depois disso muito pouco mudou, ao longo de um século. As empresas marcaram quase tudo, no que vai ser conhecido como o maior experimento humano na história da civilização: a publicidade.

Não levou muito tempo para que o mundo se tornasse rico em publicidade e pobre em ideias. Foi aí que vislumbrei a possibilidade de que empresas, profissionais de marketing e agências de publicidade se tornassem agentes de mudança, para melhor. Vi a BrightHouse como algo que poderia servir de laboratório para esse novo experimento. Quando penso no futuro dos negócios, lembro-me de Charles Darwin, cuja ciência da evolução finalmente encontrou seu caminho até os negócios. Algumas observações sobre a evolução do nosso mundo do marketing:

- **Marca *versus* posição:** a rosa é uma entre milhares de espécies de flores. Fragrante e bela, a rosa simboliza algo mais: o amor. Graças a William Shakespeare e aos cartões da Hallmark, a rosa representa algo que não pode ser expresso por palavras. Uma

130   A CAIXA-PRETA DA ESTRATÉGIA

marca é uma promessa. Uma tomada de posição é promessa de algo maior. O que sua marca representa?

- **Briefings de comunicação *versus* briefings de comunidade:** hoje em dia, profissionais de marketing usam *briefings* de comunicação como plantas de construção de campanhas. Amanhã construirão comunidades. Como uma arquiteta de marca, a Secret construiu uma comunidade on-line de mais de um milhão de mulheres. Agora possuem a marca porque a comunidade é deles. Profissionais de marketing antigamente eram responsáveis por reunir clientes, mas facilitar que eles se conectem parece ser uma aposta muito melhor hoje.

- **Compra de mídia *versus* mídia gratuita:** se você ainda gasta dinheiro com mídia, tem a mensagem errada. Propósito + Mídias Sociais = Economia e Impacto. A cerveja Carlsberg criou um filme viral intitulado "Bikers" (motoqueiros) baseado em seu propósito: "A coragem fermenta em todos nós". O vídeo foi assistido mais de 11 milhões de vezes.

- **Empregados *versus* voluntários:** cerca de 23 milhões de pessoas nascidas no novo milênio e que se importam mais com propósito do que com lucro usam pijamas em vez de ternos e trabalham na era do "não há idade mínima". Essas pessoas não se candidatam a empregos; elas engajam-se em causas e movimentos. E, de acordo com estudo da empresa Cone Communications (Cone Study) sobre os indivíduos nascidos no novo milênio, quase 89% deles querem marcas com mais significado. Isso representa uma oportunidade enorme para empresas de propósito que querem atrair uma geração que coloca o significado acima do dinheiro.[12]

- **Ponto de diferença *versus* ponto de vista:** com quem você preferiria jantar: um ponto de diferença ou um ponto de vista? Benefícios do produto, em e por si mesmos, não são mais suficientes. As pessoas querem saber seu ponto de vista, seu propósito. "Não seja mau" é o ponto de vista do Google. Sugerido originalmente por Paul Buchheit, funcionário do Google e criador do Gmail, ele passa uma mensagem forte de que, no longo prazo, estaremos mais bem servidos como acionistas, e em todos os outros aspectos, por uma empresa que faz bem ao mundo, mesmo se abrirmos mão de alguns ganhos de curto prazo.[13]

- **Lealdade *versus* amor:** a paixão por seu cliente, o diálogo e a constância de propósito – os pilares do amor – é que criam a união entre associados e clientes. O fundador do Boston Consulting Group era passional e mantinha um diálogo com o mundo – e os empregados continuam seu trabalho diariamente.

- **Anúncios *versus* ações:** a Starbucks gasta apenas 1% das vendas em marketing. Para ela, os anúncios não acrescentam tantos clientes como as ações são capazes de fazer.[14] A última ação veio do próprio CEO, Howard Schultz, que ocupou um anúncio de página inteira no *The New York Times* de 4 de julho solicitando que empresas e governo trabalhem juntos para fazer os Estados Unidos funcionarem melhor. De modo a estimular o debate, convidou a todos para um café, por conta da casa. Os plantadores de café, assim como o pessoal do financeiro, ficaram muito felizes.

A Evolução dos Negócios

A palavra *filantropia* vem do grego, *phil*, que significa "amor" e *anthropos*, que significa "humanidade".[15] Amar a humanidade é o trabalho da filantropia, que agora está sendo inserida no pensamento empresarial dominante. Edie Fraser, CEO da STEMconnector.org e consultor sênior da empresa de *headhunting* Diversified Search (Busca Diversificada), declarou: "É ótimo poder alinhar interesses empresariais com ganho monetário e retribuição à sociedade. Isso começou cedo na minha vida com cinco intercâmbios, cinco anos trabalhando para o Peace Corps (agência do governo americano dedicada à paz mundial e à amizade entre as nações) e cinco anos como consultor do Nation's Poverty Program [Programa de Combate à Pobreza]."

Fraser continua dizendo que, "no entanto, os negócios estavam no meu sangue. Por isso, quando comecei minha empresa de relações públicas, aceitei inúmeras causas sociais e temas de políticas públicas. Então me agarrei ao tema da diversidade, apoiando movimentos pelos direitos de mulheres e negros, assim como de GLBT e em defesa de outros direitos". Ele é apenas um exemplo em que o propósito, ainda que não a filantropia em si, ajuda a estimular uma filantropia relevante e autêntica para sua empresa, e que prospera quando sua empresa se dedica ao bem-estar das pessoas.

O amor claramente é a principal batida do ritmo do propósito e das ideias duradouras, incluídos aqui os produtos, serviços e conceitos que fazem com que você se sinta completo. Eles começam e terminam com negócios que tomam conta de seu coração: ame-os ou deixe-os. Agora, concentremo-nos na construção do seu propósito.

Qual é o Propósito deste Capítulo?

- O cérebro controla tudo, e o coração controla o cérebro.
- O propósito leva as pessoas da lealdade ao amor.
- O amor é o maior propósito do mundo.

Dicas de Propósito

- O propósito nos conduz do engajamento à união da marca.
- Coloque alma em sua marca.
- Coloque o propósito como alma de tudo.

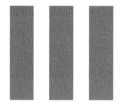

Propósito S.A.

Como Incorporar Propósito ao Seu Negócio

Quatro olhos permitem ver melhor que dois.

— Joey Reiman,
sobre visão

É provável que, com o passar do tempo, a ideia original de sua organização tenha ficado enterrada sob uma montanha de distrações: mudanças de liderança, metas trimestrais, fusões e iniciativas corporativas. De repente, sua empresa ou sua marca simplesmente faz o que precisa para competir no mercado, em vez de se basear em seus ideais distintivos originais. Relatar como as coisas eram no início permite-nos voltar ao curso da história original.

Denominei meu sistema para redescobrir sua história de Processo de Ideação de Quatro Is (Figura P.III.1).

FIGURA P.III.1   O Processo dos Quatro I's da BrightHouse

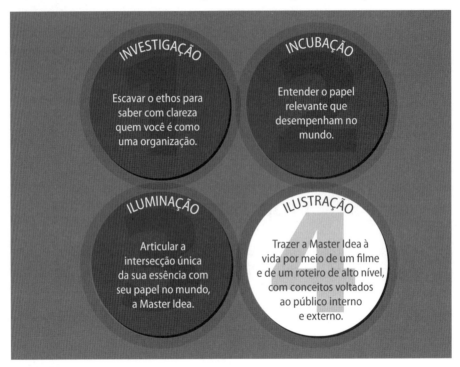

Fonte: BrightHouse. Ilustração de David Paprocki.

Esse método estruturado de pensamento serviu a centenas de negócios como meio de descobrir, articular e incorporar o propósito a empresas e marcas.

Inspirado pelo médico e fisiologista Hermann von Helmholtz, que se formou no Instituto Médico de Berlim em 1843, um sistema múltiplo serve de base ao nosso processo. Ele conduzirá nosso pensamento durante a coleta de informações e de dados – da *investigação* à *incubação* – e daí para *insights* sem precedentes que resultarão na *iluminação* e na *ilustração*. Nosso cérebro levou 4 bilhões de anos para evoluir até essa forma de pensar, então por que não usá-lo corretamente?

Começamos nossa jornada de 16 semanas com uma investigação para identificar os talentos e valores únicos de sua organização. Pense na série de TV *CSI*; para o nosso propósito, o acrônimo significa "corporate soul investigation" (investigação da alma corporativa). Estamos buscando a verdade.

O próximo passo é a incubação; é aqui que você começará a pensar no papel de sua organização no mundo, especialmente em por que sua marca é importante para a sociedade. Especialistas – denominados luminares – vão juntar-se à equipe para expandir seu modo de pensar e contemplar as conexões e algumas combinações inesperadas que ajudarão sua empresa a aproveitar as pessoas e gerar lucros de maneira mais eficiente. Emprestando uma citação de Albert Einstein, se investigação é conhecimento, então incubação é imaginação e "imaginação é mais importante que conhecimento".[1]

A iluminação leva sua equipe ao cruzamento dos talentos únicos de sua empresa e às necessidades do mundo. O trabalho agora tem condições de iluminar todas as facetas do seu negócio.

A ilustração refere-se a como seu propósito será representado interna e externamente. Como podemos *ser, fazer* e *dizer* o propósito? Devemos *ser* autênticos, *fazer* as coisas de modo que isso fique evidente e *dizer* isso do modo adequado – tudo isso serve para alinhar ideais organizacionais, estratégias e pessoas com o propósito maior, obtendo resultados e rendimentos melhores.

Sua história começa aqui, e, deste ponto em diante, até o final da Parte III, seu nome fantasia será Propósito S.A. Vamos abrir as portas.

9

Investigação

Perguntas são as novas respostas.

— Joey Reiman,
sobre a Investigação

O detetive fictício Sherlock Holmes era famoso por seu poder de observação extremamente aguçado, que ele usava para solucionar mistérios desconcertantes. Na primeira etapa do Processo de Ideação dos Quatro Is você é Sherlock Holmes, ou seja, você é o detetive. Seu trabalho é reunir o maior número de dados possível sobre sua empresa ou marca. Isso significa voltar aos primórdios e reunir "pistas" dos detentores das histórias mais preciosas de sua organização.

A investigação também requer que você observe a cultura de sua empresa. Isso pode ser feito por meio de muitas perguntas a todos os associados, dos dirigentes aos trabalhadores do chão de fábrica. O processo típico da BrightHouse inclui entrevistas com 30 pessoas de uma empresa num período de uma a duas semanas para ter uma boa ideia daquilo que a empresa representa e para onde ela quer ir.

Para descobrir o papel que sua organização desempenha no mundo, é necessário descobrir o que a torna única e especial. Uma vez encerrado o trabalho de detetive, podemos começar a criar hipóteses sobre temas que por fim conduzirão a equipe a uma *Master Idea* capaz de direcionar sua empresa ao futuro.

Pense em como é quando você começa a sair com alguém. Você pode ter conhecido a pessoa on-line, pode ter lido seu perfil, ou talvez tenha sido apresentado a ela por um amigo em comum. Você sabe as informações básicas da pessoa com quem vai sair: nome, profissão, do que gosta e do que não gosta. Mas você quer saber como essa pessoa é *realmente* ao conhecê-la, e não a versão "o melhor de mim" apresentada nos primeiros encontros. Qual é o autêntico eu dessa pessoa?

A BrightHouse atravessa o mesmo processo com as empresas. Ultrapassamos as apresentações "o melhor de mim" encontradas nos websites e em materiais publicitários para descobrir o núcleo da empresa. Para chegar à essência, a BrightHouse conduz uma organização que deseja incorporar o propósito a seu sistema por um processo investigativo de quatro partes distintas:

- Revisão dos dados primários e secundários existentes.
- Condução de entrevistas com líderes e subordinados.
- Escavação do *ethos* da marca e revisão de seu material histórico e de sua história.
- Preparação e entrega da síntese da investigação.

Nosso processo é parecido com o de Sherlock Holmes, embora não haja sangue e muito pouca fumaça de cachimbo. Nossa investigação escava fundo, para além do óbvio.

Em Primeiro Lugar, Pesquisar

O primeiro passo é estudar, de forma minuciosa, todo e qualquer material disponível. Primeiramente estão os relatórios de mercado, os referentes à cultura e os de competitividade; então pensamos como Sherlock Holmes, com lente de aumento em mãos, e dirigimos nosso foco para o que pode parecer inócuo – um fio solto, uma bituca de charuto e assim por diante. Para nós, assim como para qualquer bom detetive, esses indícios são as pistas de que precisamos.

E, no que nos diz respeito, quanto mais, melhor. Por exemplo, um cliente levou nossa paixão a sério e nos enviou dezenas de caixas de material histórico. Continham tudo, desde os primeiros anúncios da empresa, os catálogos de todos os anos em que a empresa se manteve no negócio, até fotos de piqueniques da empresa, *clippings* de notícias e fotos da família do CEO. Não consideramos isso exagerado; ao contrário, acolhemos o conteúdo de braços abertos.

Outros indicadores da *Master Idea* de uma empresa incluem discursos proferidos, boletins informativos, relatórios anuais, estruturas operacionais, e sempre histórias, histórias, histórias e mais histórias.

Quanto Mais Perguntas Você Fizer, Mais Respostas Vai Conseguir

O Dr. Sam Keen, filósofo e um dos luminares da BrightHouse, afirma que "perscrutar, ansiar e questionar estão em nosso DNA. Quem somos e o que nos tornaremos é determinado pelas questões que nos motivam e por aquelas que nos recusamos a fazer. Conforme você pergunta, você se torna".

A WellPoint é a maior operadora de planos de saúde dos Estados Unidos. Por conta das mudanças constantes por que passavam as empresas do setor de saúde, a liderança da organização decidiu escavar o propósito da empresa. Durante a fase de investigação, nossos estrategistas perguntaram à diretora de marketing, Kate Quinn:, "O que o mundo perderia sem a WellPoint?".

Ela respondeu com orgulho: "O coração do cuidado à saúde". Essa informação valiosa permitiu que tanto a BrightHouse como a WellPoint tivessem uma noção do eu corporativo da empresa. Como você descreveria o eu corporativo da sua organização? E o que o mundo perderia caso sua empresa deixasse de existir? Pergunte isso a si mesmo e a seus colegas.

Ethos, cultura da empresa, visões, liderança e histórias das origens são todas pistas para solucionar o mistério de quem é seu eu corporativo autêntico.

140   PROPÓSITO S.A.

Profissionais de consultorias de marketing e de agências de publicidade frequentemente encorajam as organizações a refletir os desejos do mercado. No entanto, essa postura somente faz com que as empresas fabriquem exatamente os mesmos produtos e se portem da mesma maneira. E, pior que isso, impede a organização de cumprir seu verdadeiro destino. Tentar ser algo que você não é não funciona em um mundo que exige autenticidade. Mas, quando sua história tem origem no coração dos fundadores, até mesmo inventar a origem de seu produto é possível.

O fabricante de sorvetes Häagen-Dazs é um exemplo. É o sorvete com um nome que parece dinamarquês e rótulos originais que incluíam o desenho do contorno da Dinamarca. No entanto, muitas pessoas ficariam surpresas se soubessem que os fundadores eram dois imigrantes poloneses do Bronx. O sorvete recebeu o nome de Häagen-Dazs porque soava a valores de bondade do Velho Mundo – de produtos puros – e porque a Dinamarca havia demonstrado bondade aos judeus durante a Segunda Guerra Mundial.[1] Fiquei derretido com essa história – e sou consumidor de seus sorvetes desde então.

Em Busca de Seu Destino

Nosso segundo passo na investigação começa na diretoria executiva, conduzindo o que denominamos de "sessões de destino". Esses encontros têm como objetivo traçar o futuro da organização. Entrevistamos gerentes seniores e de nível médio, porque são essas as pessoas com condições de levar a organização ao próximo nível – de conduzir o navio e não somente ficar à deriva na correnteza. Precisamos escutar suas esperanças, seus sonhos e suas aspirações mais altas.

O que você acha que sua organização poderia realizar em 5, 10, 20 ou 100 anos se todos os obstáculos fossem removidos? Qual é seu sonho pessoal para sua marca ou sua empresa? Que papel maior você acredita que poderia desempenhar no mundo? Qual é sua história favorita?

Maggie Schear, estrategista sênior da BrightHouse, participou de muitas dessas sessões em que entrevistamos um líder por vez. Ela explica o processo: "Centramo-nos na visão de cada líder, o que eles esperam que seu legado será e por que escolheram assumir esse papel. Queremos saber do impacto que esperam provocar no mundo. Usamos os *insights* deles para desencavar os temas do *ethos*".

Então expandimos o grupo de entrevistados para incluir empregados de níveis inferiores na hierarquia da empresa. Vamos fazer uma entrevista. Escreva suas respostas ao lado das perguntas a seguir, as quais usamos com frequência.

- Por que você se juntou à organização?
- Como descreveria a cultura da sua organização? Como a organização é hoje em comparação a quando entrou? O que permanece o mesmo e o que mudou?
- Quais de seus valores pessoais você acredita serem condizentes com os valores da organização?
- Qual é o aspecto mais distintivo ou único da organização?
- Se você tivesse uma varinha mágica e não houvesse obstáculos em seu caminho, *o que* você mudaria sobre a organização? E o que você nunca mudaria?
- Se sua organização deixasse de existir amanhã, o que o mundo perderia? ("Geração de valor para os acionistas" não é uma resposta aceitável.)

"Usamos essas entrevistas para estabelecer os valores da organização, os quais articulamos na linguagem única da organização, de modo que sejam distintivos, próprios e memoráveis", diz Schear. "Uma vez identificados os temas-chave, voltamos às entrevistas em busca de informação que sustente esses temas". Essas entrevistas constitutivas também são inestimáveis para aquisição de conhecimentos sobre a história recente da marca. Sempre pedimos às pessoas que nos contem suas histórias favoritas sobre a organização. Essas histórias se somam ao conhecimento adquirido da história da empresa e sua personalidade única. Agora é a sua vez. Qual é sua história favorita?

Quando pergunta a alguém qual é sua história favorita, você aprende muito sobre a pessoa. Sam Keen disse: "As histórias ajudam as pessoas a reconhecerem não somente o que importa para elas individualmente, mas também o fato de que pertencem a um grupo".

142 PROPÓSITO S.A.

Outro importante benefício dessas entrevistas constitutivas é que elas envolvem seus associados no maior esforço, inegavelmente, que sua organização empreenderá – a busca por sua alma. De acordo com Schear, "ao conduzirem essas entrevistas, os gerentes estão dizendo aos empregados que a liderança se interessa pelo que têm a dizer. Algumas empresas com que trabalhamos tiveram desafios culturais internos, pontos críticos na organização. O mero fato de estarmos realizando essas entrevistas já é muito significativo".

Queremos saber o que essas pessoas consideram importante sobre sua empresa, o que motiva sua imaginação, porque esses elementos são cruciais na determinação de seu futuro.

Escavando o *Ethos*

O programa de TV da NBC chamado *Who Do You Think You Are?* ("Quem Você Pensa Que É?") apresenta celebridades que estão rastreando suas árvores genealógicas para descobrir suas raízes – e com frequência descobrem fatos surpreendentes em seu passado. Os ancestrais deles podem ter sido líderes comunitários, proprietários de escravos ou mesmo assassinos.

O segundo passo na investigação – escavar o *ethos* da marca – exige que as empresas atravessem um processo similar e perguntem: "Quem pensamos ser?". Do mesmo modo que as pessoas, cada empresa tem uma história sobre sua origem. E os resultados de uma busca dessas podem ser igualmente esclarecedores. Identificar o que fez com que uma empresa fosse grande em seu início fornece a base para se pensar sobre sua capacidade de afetar a coletividade.

Não se trata de reviver o passado, mas sim de entender o que fez com que a empresa prosperasse e o porquê de ela ser o que é hoje. É uma escavação para fazer emergir as verdades fundamentais sobre a empresa, que vão servir para iluminar o caminho adiante.

Minha turma na Emory University tem conduzido essas escavações históricas há anos, e já descobriu algumas coisas incríveis e muito poderosas. Por exemplo, você sabia que um dos fundadores da Barnes & Noble, Charles Barnes, era um visionário que começou vendendo livros em sua casa em Wheaton, Illinois?[2] A motivação dele, de difundir o conhecimento, era tão grande que ele vendia livros num carrinho de mão.

O Dinheiro Está na Raiz de Todo Bem

O *ethos* do SunTrust Bank de trazer bem-estar financeiro ao mundo tem sido um baluarte ao longo de sua história. Desde trazer investimentos de volta ao Sul após a devastação da Guerra Civil até ser uma das poucas instituições financeiras a se manter solvente durante a Grande Depressão, o SunTrust construiu seu negócio – clientes, colegas de equipe, acionistas e a comunidade – sobre essa fundação de trabalho nobre. O que as pessoas pensariam sobre sua empresa se a história de sua origem fosse sedutora assim? Elas provavelmente estariam tão envolvidas quanto você estaria. Essa é uma parte importante da descoberta da história do seu propósito.

Investigando o Mundo

E se você estiver buscando uma *Master Idea* para uma organização global? As *Master Ideas* atravessam fronteiras, porque elas aglutinam as crenças compartilhadas de todos os países envolvidos, como vimos no Carlsberg Group. A verdade tem tradução em todas as línguas.

A Carlsberg foi fundada em 1847 pelo inovador cervejeiro J. C. Jacobsen, um líder das técnicas pioneiras de *steam brewing* (uso do vapor na preparação da cerveja) e refrigeração. J. C. e seu filho Carl desenvolveram um método para multiplicar uma cepa pura de levedura, o que revolucionou a indústria cervejeira. Esse experimento único criou a quarta maior cervejaria do mundo, com centenas de marcas e mais de 40 mil empregados.

A BrightHouse realizou mais de 35 entrevistas de liderança com pessoas de todos os setores da Carlsberg ao redor do mundo, da Dinamarca à Rússia e à Ásia. Os temas começaram a emergir dessas entrevistas, temas que poderíamos explorar ainda mais com outras entrevistas. Associados e empregados de todos os níveis da empresa, de diretores de marketing e de estratégia a gerentes de fábrica, fechando o círculo com o diretor do Museu Carlsberg, todos participaram do processo.

As entrevistas com a equipe da Carlsberg revelaram que eles eram tímidos para dizer "Somos os melhores"; na verdade, sentiam-se um pouco como perdedores no superlotado domínio de fornecedores de cerveja. Eles estavam tentando reconquistar o espírito vencedor da Carlsberg – então, numa atitude corajosa, o Carlsberg Group ordenou que suas empresas tivessem "sede de grandeza". Durante as entrevistas, o que encontramos em comum em quase todas as 500 marcas foi a paixão por alcançar a grandeza. Apesar de diferenças de nacionalidade, geografia ou produto, essas marcas almejavam a excelência.

Coragem de Fazer o Que Você Ama

Outro ato corajoso aconteceu em minha cidade natal, Atlanta. Embora as mulheres fossem responsáveis por 85 centavos de cada dólar gasto, eram praticamente inexistentes nos postos mais altos dos negócios; nessa encruzilhada, minha mulher, Cynthia Good, teve a coragem de criar uma empresa dedicada à ampliação do papel das mulheres no ambiente de trabalho, uma empresa que hoje atinge mais de 100 mil trabalhadoras a cada manhã.

O LittlePinkBook.com é o principal recurso on-line para mulheres que trabalham e atesta o propósito de Cynthia e de sua empresa: "Coragem de fazer o que você ama".

"Nosso propósito redefiniu o significado de sucesso, e isso é a força motriz da Little Pink Book," diz Cynthia. "É uma ideia que, claramente, fala de maneira direta à autenticidade das mulheres." "Quando começamos o processo de investigação, imaginei que acabaríamos com valores relacionados aos negócios como uma forma de definir sucesso." Ao contrário disso, o grupo descobriu que os valores impulsionadores eram beleza, liberdade, coragem e a crença de que ter uma boa carreira era o meio de atingir uma vida plena.

"Quando falo com grupos de mulheres, digo a elas que não importa quão importante você é, se você não ama o que faz e não está em sintonia com seu trabalho, então não é você", Cynthia disse.

Como diz o Dr. Keen, "Uma sociedade na qual vocação e emprego são separados para a maior parte das pessoas, gradualmente se cria uma economia que frequentemente é despida de entusiasmo, aquela que frequentemente enche nossos bolsos enquanto esvazia nossas almas".

Elevando o Padrão

Jay Gould, CEO da American Standard (empresa de venda de produtos para cozinha e banheiro), já vem espalhando a mensagem do propósito tanto em casa como ao redor do mundo. Ele me pediu que o encontrasse no hotel Mandarin para escutar uma ideia sua para a American Standard. Qualquer um que já tenha entrado num banheiro conhece esse nome e concorda que ideais mais elevados não vêm à mente quando se fala dele.

"Quero um padrão mais elevado", Jay me disse. "Na minha empresa e no mundo". Imediatamente, minha imagem da American Standard mudou. (A sua não?)

Quando a BrightHouse realizou entrevistas na American Standard, efetivamente percebemos que havia apoio para essa decisão. Três temas principais emergiram: saúde, desempenho excepcional e responsabilidade. Aqui seguem excertos de entrevistas sobre cada um deles.

- **Sobre saúde:** "O que mais entusiasma sobre a American Standard é a dedicação das pessoas e a noção de que temos a capacidade de melhorar a vida e a saúde das pessoas de uma maneira significativa".

- **Sobre desempenho excepcional:** "Três palavras são usadas para descrever a American Standard: infalível, confiável, bonita". "A marca traz beleza e utilidade para sua vida, sua cozinha e seu banheiro."

- **Sobre responsabilidade:** "Estamos à frente em termos de conservação. Com nossos produtos você conserva água sem sacrificar o desempenho. E não cobramos mais para que você tenha conforto e seja ambientalmente responsável; somos naturalmente responsáveis".

De Sapatos a Sanitários

Se a ideia de doar um par de sapatos para uma pessoa necessitada a cada par vendido é interessante, o que o líder de propósito Jay Gould está prestes a fazer vai tirar seu chão. A American Standard formará uma parceria com a Fundação Bill e Melinda Gates para melhorar a segurança e as condições de saneamento de países em desenvolvimento.

Em 2013, para cada vaso sanitário Champion comprado da American Standard, será entregue uma latrina para uma família de Bangladesh sem acesso a saneamento. Gould afirma: "Este pode ser um novo *american standard* (padrão americano) para os negócios".

A Soma é Maior Que as Partes

Quando todas as entrevistas e a pesquisa estão concluídas, juntamos nossos achados numa síntese, uma combinação de elementos para criar algo novo. Daí, desenvolvemos os temas do *ethos*, as pistas que nos levam ao caráter verdadeiro de uma organização. E, como nas histórias de detetive, o processo de investigação é sempre o mesmo. Mas o resultado nunca é.

Veja a história da Paper Mate. A determinação de Patrick J. Frawley em encontrar uma tinta que não entupisse, falhasse ou manchasse levou a Frawley Pen Company a desenvolver uma tinta de secagem rápida e à criação da caneta Paper Mate.

Os temas do *ethos* que fluíram de nosso trabalho com a Paper Mate incluíram *capacidade de inovação, confiabilidade indelével, uma atitude positiva, o objetivo são todos os lugares* e *você não pode bater dois corações (you can't beat two hearts)*. Pegamos então esses temas e os exploramos em nosso passo seguinte: incubação. Os clientes frequentemente se surpreendem com a síntese formada a partir do processo de incubação. É aqui que a verdadeira mágica acontece.

Ao encerrarmos este capítulo, fica claro que o processo de descobrir o *ethos* de uma empresa inevitavelmente revelará o verdadeiro "eu corporativo". Somente a partir de seu núcleo autêntico é que uma empresa pode olhar para o papel que tem condições de desempenhar no mundo – a próxima parada na jornada para criar a *Master Idea* que servirá de guia e inspiração para a organização e que trará uma presença positiva ao mundo.

Considere, então, estas questões ao seguir adiante: quais os pontos fortes autênticos e distintivos *de sua* empresa ou marca? Qual a história de sua origem? Qual o sonho de sua empresa? É o mesmo que o seu?

Com algumas respostas – e o que chamamos de temas do *ethos* ou áreas de maior interesse –, podemos agora partir para a incubação. Nesse processo, pessoas perspicazes chamadas de luminares vão ajudar a criar a empresa que você até agora só tinha imaginado.

Qual é o Propósito deste Capítulo?

- O *ethos*, a cultura da empresa, as visões, a liderança e as histórias sobre as origens são pistas para solucionar o mistério de quem é seu eu corporativo autêntico.
- A investigação permite reunir todas as informações em um resultado conciso – as crenças compartilhadas por todos, do chão de fábrica até a diretoria.
- Não se trata de análise, mas sim de síntese.

Dicas de Propósito

- Investigação refere-se a escavação, e não a criação.
- As perguntas certas conduzem às respostas certas.
- Se quiser ir longe, escave fundo.

10

Incubação

Pensar é meu trabalho.

> — Joey Reiman,
> sobre a Incubação

P ensar rápido é paradoxal. Na verdade, na BrightHouse, "rápido" é palavrão. Sabemos que o trabalho com o propósito exige consideração, especialmente durante a fase de incubação dentro do Processo de Ideação dos Quatro Is.

Ben Franklin atribui o bom relacionamento entre a França e os Estados Unidos durante a época da conquista da independência norte-americana ao fato de que os navios que levavam mensagens delicadas e importantes de um lado a outro do Oceano Atlântico eram lentos.[1] Isso permitiu a cada lado tempo para refletir – e deu origem à expressão *lançar uma ideia.*

Hoje em dia, *ideias são disparadas* por meio de *chats*, mensagens de texto, *tweets*, *blogs*, Skype, *pins* e *tags*. Passamos da velocidade de fragata à velocidade de dobra espacial e ao desvirtuamento da velocidade. E estamos pagando por isso. O jejum está nos deixando famintos por um pensar que denote reflexão. E a elaboração de um propósito precisa ser pensada. E pensar exige tempo.

Negócios a Passos de Tartaruga

Quando o pensamento não é possível, tampouco é possível encontrar soluções ponderadas. É por isso que estabelecemos sessões de incubação; essas reuniões criam o tempo necessário à contemplação, de modo que as empresas possam imaginar o papel que podem desempenhar no mundo. Os negócios normalmente não funcionam assim, o que é precisamente o motivo de seus planos, por vezes, não darem certo.

Aqui está um exemplo que ilustra esse conceito: milhares de pessoas são membros do que se denomina de movimento "Slow Food". O conceito subjacente ao movimento é o reconhecimento de que podemos aumentar o prazer do consumo dos alimentos se compreendermos melhor sua origem. Apreciadores dos alimentos, fregueses de restaurantes e os próprios fazendeiros se uniram com o propósito de aproveitar a companhia uns dos outros e devolver o significado às refeições. Parece delicioso, não é?

Considere o processo de incubação como um movimento de *Slow Think* (Pensar Lentamente) para a sua empresa. É um modo de se reconectar a suas raízes e explorar maneiras melhores de se conectar ao mundo. Durante a jornada de 16 semanas em busca do propósito, você e seus colegas passarão, em quatro semanas, da imaginação do que virá a seguir à admiração absoluta – o momento de iluminação.

Na Grécia clássica, a incubação era a prática na qual uma pessoa cumpria um ritual e depois adormecia em um lugar sagrado, aguardando um sonho de inspiração divina (ou a cura, se a pessoa estivesse doente). No nosso caso, o objetivo é descobrir como sua empresa pode inspirar o mundo – ou encontrar uma cura para o mal que a aflige. Aprendemos, depois de milhares de horas de incubação, que o tempo é revelador e essencial na história do propósito. *Só o tempo dirá.*

Heartstorming: o Novo *Brainstorming*

O termo *brainstorm* foi usado pela primeira vez em 1890 com o sentido de "caos que resulta em perturbação". Em 1953, Alex Osborn, o "O" da famosa agência de publicidade BBDO, popularizou o sentido moderno da palavra *brainstorming (tempestade de ideias)*, ou seja, de "esforço grupal conjunto para encontrar novas soluções".

A partir de então, o *brainstorming* tem sido o método escolhido para estimular a criatividade no mundo dos negócios. Tornou-se, na verdade, tão popular, que as pessoas pressupõem que a criatividade e a inovação sejam processos grupais.

Isso provavelmente não será uma surpresa, mas não acredito em *brainstorming*. Em minha opinião, o conceito lembra o sentido original, que me faz pensar em depressão e ansiedade – uma perturbação no cérebro. Perturbar um pensamento não é o objetivo, e sim o de, silenciosamente, alimentar uma ideia.

Pesquisas recentes sustentam minha opinião. Keith Sawyer, professor de Psicologia e Educação da Washington University e autor de *Explaining creativity* ["Explicando a criatividade", não publicado no Brasil], declara que "décadas de pesquisa mostram de maneira consistente que grupos de *brainstorming* têm muito menos ideias do que o mesmo número de pessoas que, trabalhando individualmente, mais tarde reúnem suas ideias".[2]

O objetivo de uma sessão de incubação não é desenvolver *a* ideia na hora, mas sim trazer ideias formuladas para a discussão. Com frequência as pessoas comparecem a sessões de *brainstorming* sem nada em mente. É por isso que prefiro o *heartstorming (tempestade de emoções)*, sessões em que os pensadores colocam suas emoções a serviço da solução de problemas. Isso significa que eles estudaram o tema em profundidade e já têm algumas soluções possíveis antes mesmo de entrarem na sala.

Quando os participantes chegam a uma sessão de incubação, eles vêm de peito aberto, isto é, estão abertos às ideias dos outros. Desse modo, o *heartstorming* chega realmente ao coração do problema e instiga nos envolvidos a pergunta: "Como minhas ideias farão do mundo um lugar melhor?".

No *heartstorming* nós:

- Levamos as coisas a sério.
- Ficamos "de peito aberto".
- Chegamos ao verdadeiro coração da questão.

Ideias com mais emoção são ideias melhores, maiores e mais significativas. E elas não vêm somente de você, mas também das pessoas que investiram suas emoções no trabalho ao longo de toda uma vida.

E Então Houve Luz

Para chegar ao verdadeiro cerne do problema é necessário mais que um bando de empresários numa sala repleta de quadros gigantes com Post-its. São necessários *luminares,* especialistas no tema que acendam lâmpadas de um bilhão de watts sobre o que você não está conseguindo enxergar.

Esses líderes do pensamento têm perspectiva, conhecimento e sabedoria para ajudar as equipes a descobrir como fazer sua marca ou sua empresa tão grandes quanto o mundo em que operam. Os luminares são escolhidos a dedo; ajudam-nos a compor um time de especialistas dos mais diversos temas e de diferentes indústrias que ficarão focados na "Propósito S. A.". Eles lançam uma ampla rede sobre um tema e trazem clareza com rapidez.

Mais de 300 luminares da BrightHouse passaram a vida estudando, escrevendo, experimentando e criando em seus campos de especialização. Quando vêm a uma sessão de incubação, trazem *insights* profundos logo de início. Espero que as horas e os anos que passei com eles transpareçam nas páginas deste capítulo e que eu possa usar as experiências para fornecer algo em que você possa pensar – e um modo de encontrar sua própria história de propósito.

Nossos clientes são inteligentes o suficiente para saber que os problemas de uma organização não podem ser corrigidos pelas mesmas pessoas que os criaram. Então, como começar a resolver os problemas – e a quem pedir ajuda? Vamos começar olhando o que precisa ser feito e como fazê-lo.

A Mesa-Redonda do Algonquin da Atualidade

A Mesa-Redonda do Algonquin era a denominação de um grupo dos maiores escritores, atores e humoristas do país, que almoçavam

Incubação **153**

juntos regularmente entre 1919 e 1929. Eles se encontravam no Hotel Algonquin em Nova York, o pulso do mundo literário e um lugar onde suas colaborações criativas ganharam atenção nacional.[3]

Gosto de pensar em nossas sessões de incubação como uma espécie de Mesa-Redonda do Algonquin. É o cenário em que reunimos as pessoas mais brilhantes do mundo para discutir sua empresa, seu propósito, e como ela pode mudar o mundo.

Luminares provenientes do mundo todo voam até Hartsfield-Jackson, o Aeroporto Internacional de Atlanta. Reúnem-se na BrightHouse, um prédio de tijolos vermelhos de dois andares e 80 anos de idade, perto do centro de Atlanta, e que originalmente abrigava um banco. Apropriadamente, a sala da incubação ocupa o local em que ficava o cofre do banco, o local onde os itens mais valiosos eram mantidos.

Uma vez que os luminares são peritos, eles trazem opiniões divergentes em relação ao tema que está sendo trabalhado. Desse modo, expandimos nosso jeito de pensar e a arena das possibilidades. Por exemplo, se você é da indústria hoteleira, um especialista em hotelaria não é tão importante como um antropólogo que poderia falar sobre a necessidade humana de ter alguém esperando por nós quando chegamos em casa. Esse valioso *insight* certamente vai suscitar novas ideias.

A BrightHouse passa semanas selecionando os luminares certos. Conduzimos uma busca cuidadosa e exaustiva para encontrar não somente as pessoas certas, mas a combinação certa de pessoas, que complementam umas às outras – do mesmo modo que faríamos num bom jantar.

Sessões de luminares não são grupos focais. Ao contrário, focam as possibilidades que são enxergadas ao se olhar pelas lentes do propósito. Não se trata de um pré-teste, mas sim de um teste da coragem das empresas de fazer do mundo um lugar melhor e mais brilhante. Luminares não chegam à mesa com ideias modernas para seus produtos e serviços. Eles chegam com novas maneiras de sua organização pensar sobre um papel maior na sociedade. Luminares não vão ajudá-lo a vender mais; vão ajudá-lo a contar sua história de propósito.

A sala de vidro e alvenaria é bem arejada, com iluminação por todos os lados, desde a abundante quantidade de luz natural fluindo até o candelabro pendurado no teto da sala com pé-direito de 4 metros de

altura. Com uma prateleira cheia de volumes escritos por nossos luminares, os estrategistas da BrightHouse, os luminares e nossos clientes
reúnem-se ao redor de uma longa mesa. Não usamos bolinhas de apertar ou qualquer outra parafernália frequentemente usada em sessões
de *brainstorming*.

Uma de nossas regras é não mais que 12 pessoas; a outra é nunca
depois das 12. Não queremos mais que uma dúzia de indivíduos presentes, e sempre nos encontramos pela manhã. A comida servida é
sempre leve, e, ainda que o ambiente seja cuidadosamente orquestra-
do, nossas conversas jamais são.

Depois de 17 anos conduzindo essas sessões, nunca houve uma
em que algo extraordinário, significativo e surpreendente não tenha
sido revelado. Passei os momentos mais importantes da minha carreira
nessas sessões.

"É um pouco inesperado para nossos clientes no início", disse Monika Nikore, estrategista sênior da BrightHouse. "Nós os tiramos de
sua zona de conforto. Mas as sessões fornecem *insights* em profusão e
profundidade e os ajudam a ver seu papel no mundo. Não inventamos
nada; apenas ligamos os pontos e mostramos as coisas em que não
tinham prestado atenção para indicar o caminho para seus negócios".

A estrategista sênior Maggie Schear explica: "Nossos clientes contam que é o dia mais divertido, excitante e intelectualmente nutritivo
de suas carreiras. O interessante é que você pode conversar com um
astrônomo, sentado em frente a um filósofo – e muitos *insights* são de-
correntes de polinização cruzada entre as diferentes disciplinas".

Deliberadamente mantemos a conversa em um nível elevado e distante da linguagem cotidiana dos negócios. Uma semana após ter com-
pletado a interação, fornecemos ao cliente uma síntese da sessão que
traduz os *insights* filosóficos em estratégia de negócios.

Convites para o Maior Coquetel do Mundo

Digamos que você pertença a um clube do livro. Quão entusias-
mado você ficaria se pudesse convidar quaisquer três autores do mundo para vir a uma de suas reuniões? Bem, e se você pudesse convidar

Incubação **155**

qualquer pessoa do mundo para passar três horas num diálogo significativo sobre sua empresa?

Preparar a lista de convidados para uma sessão de incubação é como organizar o maior coquetel do mundo no estilo corporativo. E parte da diversão é que ninguém recusa seu convite.

Os luminares vêm do mundo todo, de todas as classes sociais, e com idade variando dos 9 aos 90 anos. Ao trabalharmos no propósito da Georgia-Pacific, convidamos alunos do ensino fundamental para discutir as melhores práticas para uma interação familiar por meio da limpeza. "Qual seria a aparência de produtos de limpeza à base de papel destinados às famílias?", perguntamos. "Botinhas para limpeza que deslizam no chão!", gritou o mais jovem luminar da BrightHouse.

Nenhum luminar é igual a outro – a não ser pelo fato de que compartilham um pendor para o axioma aristotélico: "Na intersecção de seus talentos únicos com as necessidades do mundo encontra-se sua vocação". Para manter nossos participantes inspirados, mantemos a citação original em legras garrafais acima da porta de nossa sala de reuniões.

É como recrutar para *Missão impossível*. Estamos formando versões intelectuais de equipes da SWAT; é como combinar o Projeto Manhattan com o Black Mountain College e os Imagineers da Disney. É parecido com a Academia de Platão, a versão da BrightHouse do Monte Olimpo. É uma visita ao Oráculo de Delfos.

Além de professores respeitados de universidades de primeira linha, já tivemos *personal trainers*, astronautas, exploradores, alpinistas, cientistas ganhadores de prêmio Nobel, e até uma freira de hierarquia mais elevada em sua ordem.

Quem é VIP Agora É o Propósito

Os indivíduos que estão presentes em nossas sessões de incubação fornecem *insights* específicos e oferecem habilidades especiais. Convidaremos um historiador se quisermos ser capazes de ler o futuro a partir do passado. Os cientistas ajudam a fazer a conexão entre observação e descoberta, e filósofos podem esclarecer a essência de ser e saber. Podemos até mesmo estudar cerimônias rituais tribais envolvendo o ato de beber se quisermos novos modos de pensar sobre o consumo de bebidas.

Artistas, médicos, músicos, escritores – praticamente qualquer um pode ser um luminar valioso, desde que tenha intelecto afiado e criatividade irrestrita. É como criar um conselho de diretores com membros que estão muito longe de ser chatos ou estar enfadados. Na verdade, os membros embarcam em sua missão e oferecem um roteiro, com direções que você pode não ter considerado e que serão determinantes.

"Nossos luminares aperfeiçoaram seus talentos. Seja educando crianças em Samoa ou se aventurando cegamente Monte Everest acima, eles trazem foco e uma nova perspectiva ao processo", disse Ashley Lewis, produtor e estrategista criativo da BrightHouse. "É aí que entra a mágica – quando se tem tantas mentes brilhantes no mesmo local, estimulando e exercitando umas às outras. Frequentemente temos um momento 'arrá', uma epifania comum durante a sessão. Mas se não acontece naquele momento específico, acontece como resultado da sessão. A reunião fornece a base para que o momento 'arrá' venha mais tarde".

Apostando nos Luminares

É Rilla Delorier, vice-presidente executiva, diretora de marketing e gerente de experiência do cliente do SunTrust Bank, que fala disso: "Definitivamente tivemos nosso momento arrá. E ele nos deu uma nova perspectiva sobre o modo pelo qual víamos nosso papel como empresa e nos ajudou a moldar nosso pensamento à medida que nos propusemos a fazer uma diferença maior para nossos colegas, clientes, comunidade e acionistas". Com um total de US$ 178 bilhões em ativos, o SunTrust é uma das instituições mais respeitadas do mundo. Mas almejava ser lembrado por algo além disso, e, como explica Delorier, "mudamos nossa visão, nossos valores e nossas práticas em relação às pessoas. Reformulamos nosso propósito, o que modifica a maneira como interagimos com clientes, como apresentamos nossa marca e plataforma de mensagens e como nos envolvemos na comunidade".

Delorier compara o processo de investigação a que o SunTrust se submeteu para revelar seu *ethos* à busca das "três joias" do budismo. Ela continua: "Estava na hora de poli-las e fazer com que brilhassem". Esses elementos eram confiança (*trust*), a tensão de uma instituição grande que ainda tenta manter um toque regional e o Sol (*Sun*).

Trouxemos um luminar da BrightHouse, cientista política especializada em confiança, que compartilhou conosco o *insight* de que a confiança é sempre relacional e contextual, formada por meio de interesses encapsulados. Interesses encapsulados existem quando estão embrulhados nos de outras pessoas, que os assumem.

A partir desse *insight*, o SunTrust tomou conhecimento da transparência como elemento crucial da confiança. Ao lidar com clientes, não basta dar e receber, é necessário ser claro com relação ao que o SunTrust está recebendo e dando também.

Outro luminar da BrightHouse, um biólogo ambiental, falou sobre a natureza, em que formas grandes e pequenas de vida coexistem. Ele dividiu conosco um componente crítico do propósito do SunTrust: a ideia de que a natureza usa uma criatividade dinâmica, transformando tempestades em oportunidades para a criatividade, ou transformando predadores em colaboradores. Por exemplo: uma árvore pode transformar uma formiga cortadeira numa aliada ao abrigar a semente em seus frutos, que serve de atração para a formiga e faz com que ela espalhe as sementes por territórios mais longínquos.

"Disso nós aprendemos a fazer ajustes para enfrentar ameaças", afirmou Delorier. "Por exemplo, poderíamos encarar o ambiente regulatório como uma oportunidade de estabelecer parcerias e atender melhor nosso cliente, em vez de vê-lo como um obstáculo".

O principal momento revelador para o SunTrust originou-se da terceira área: o Sol. Um luminar da BrightHouse e um dos astrônomos mais conhecidos e mais lidos do mundo veio falar ao grupo sobre a ciência do Sol. Ele também foi responsável por um dos momentos mais surpreendentes de todas as sessões com luminares. Ao explicar o papel do Sol, ele queria que soubéssemos por experiência como os gregos antigos se sentiam ao olhar para o céu e ver uma bola de fogo sem ter a menor ideia do que era aquilo.

158　　　　　　　PROPÓSITO S.A.

Ele abriu sua pasta, tirou dela um livro, abriu-o e, de dentro dele, saíram chamas de cerca de 1 metro de altura. Além de fazer com que pulássemos da cadeira de susto, também serviu para nos reconectar com o espanto que os homens antigos devem ter sentido quando observaram o Sol pela primeira vez.

Embora a chama tenha sido rapidamente apagada, a fagulha que acendeu está mudando a direção do SunTrust Bank. "Começamos a falar sobre o Sol e sobre como ele nos permite ver coisas que normalmente não veríamos; nós não vemos cores sem o Sol", conta Delorier. "Esse foi nosso momento revelador. O SunTrust pode iluminar o caminho das pessoas, ajudá-las a ver coisas que não veriam, com otimismo e de forma consistente. Podemos iluminar o caminho para o bem-estar financeiro. O Sol também traz calor, o que é uma moeda-chave para o modo de interagir com nossos clientes".

O Propósito Purifica

Aqueles carrinhos de limpeza amarelos e os baldes com esfregão que você vê em shoppings e aeroportos são fabricados pela Rubbermaid Commercial Products (RCP). Queríamos explorar a frase "A limpeza está perto da divindade", por isso, convidamos alguém próximo a Deus: o luminar da BrightHouse e autora de *Following the path: the search for a life of passion, purpose, and joy* ["Seguindo o caminho: a busca por uma vida de paixão, propósito e alegria", não publicado no Brasil], irmã Joan Chittister. De acordo com a Irmã Joan, a frase mencionada "questiona se estamos ou não transformando o mundo no melhor lugar possível para as pessoas viverem – tanto para sua saúde como para sua autoestima. É sobre um cuidado com o universo que implica cuidado com todas as criaturas terrenas – seja animal, vegetal, mineral ou humana".

Esse pensamento fez com que a RCP pensasse sobre seu trabalho de outra forma, mais elevada. Não haveria mais trabalho insignificante desse dia em diante, e, sim, trabalho sagrado. Todos os profissionais, do líder da empresa ao esforçado faxineiro, ficariam orgulhosos de usar o escudo que serve de logotipo à Rubbermaid. A irmã Joan disse: "Estar nesse negócio tem algo de sagrado. Não é o serviço mais baixo que fornecemos. Estamos dispostos a chegar a extremos para fazer com que a humanidade atinja seu melhor".

Um segundo luminar, talentoso arquiteto e professor de arquitetura, ensinou-nos como o mundo constrói e desintegra ao mesmo tempo – e por que é importante para a RCP pertencer ao primeiro time. Um professor de psicologia compartilhou conosco como a beleza cria prazer e, finalmente, Bradd Shore, professor de antropologia da Emory University, ensinou-nos sobre a importância da limpeza e da ordem, e como elas são pré-requisitos para que a sociedade prospere. A limpeza é um sinal visual de boas intenções, atestando o cuidado com um determinado espaço.

Conclusão: ao criar as condições para o cuidado, a RCP poderia associar ainda mais sua marca com pureza moral, beleza, perfeição, verdade e ordem. Ao remover as preocupações do mundo, a RCP prepara o mundo para preocupações de ordem superior, como o amor e a cura.

Mergulhando na Humanidade

Para mergulhar fundo no tema da coragem com a Emory University, trouxemos a antropóloga cultural Dra. Mary Catherine Bateson, e também um explorador cego que escalou os sete picos mais altos do planeta. Queríamos oferecer a perspectiva deles sobre vencer o medo e sobre como a coragem havia mudado sua visão de mundo.

Ficamos atônitos, durante nosso trabalho com o fabricante de produtos para cozinha e banheiro American Standard, quando ficamos sabendo que as condições sanitárias modernas aumentaram a expectativa de vida em vinte anos.

Em uma sessão para um produto feminino da Procter & Gamble, nossos luminares nos fizeram enxergar uma diferença significativa entre os sexos em momentos de estresse. Em situações assim, em vez da resposta de luta ou fuga, as mulheres recorrem umas às outras, uma reação denominada busca de apoio.

Um luminar da BrightHouse especialista em quadrinhos, em super-heróis e na jornada do herói deu o seguinte conselho à fabricante

160 PROPÓSITO S.A.

de ferramentas elétricas e manuais Irwin: "As ferramentas ampliam as capacidades humanas, possibilitando atos heroicos. Você consegue apertar um parafuso até certo ponto, mas, depois disso, precisa de uma chave de fenda". Outro luminar da BrightHouse, que além de um autor premiado é mecânico de automóveis, esclareceu-nos sobre o poder das profissões técnicas e a façanha dos que fazem trabalhos manuais. E Mary Catherine Bateson disse-nos que o uso de ferramentas levou a revoluções culturais, já que permitiram um aumento do número de pessoas vivendo juntas e criaram uma explosão de atividade artística.

O Dr. Rick Gilkey, professor da Emory University envolvido com pesquisas em neurociências no Departamento de Psiquiatria, informou-nos, durante uma sessão para a MetLife, que as definições de sucesso estão mudando, com dados que indicam uma "mudança marcante das definições econômicas de sucesso para definições relacionadas a importância, impacto social e contribuição pessoal como medidas de sucesso e bem-estar".

É fascinante perceber que, como resultado dessas sessões, nossos clientes sempre aprendem que seus negócios podem ser mais do que prestar serviços e vender produtos; que, basicamente, podem exercer um papel de cura. É como disse o Dr. Sam Keen, luminar da Bright-House, filósofo e autor mundialmente reconhecido: "O conceito de que fazer negócios sem qualquer senso de propósito pode resultar em felicidade para a sociedade ou para a humanidade é uma ilusão".

O Dr. Keen é parte de uma das minhas histórias favoritas da Bright-House, que nunca vou esquecer. Depois de meses de trabalho com a Newell Rubbermaid em sua *Master Idea*, tivemos uma reunião para apresentar nosso trabalho para o presidente e diretor executivo da empresa à época, Mark Ketchum. Ele é o exemplo máximo de CEO, voltado para o que se pode quantificar.

Eu havia trazido o Dr. Keen como um luminar, o que faço com frequência nesse tipo de reunião.

Discutimos nossos achados durante quase seis horas. Ao final da longa sessão, Ketchum volta-se para o Dr. Keen e pergunta: "Dr. Keen, seja sincero: o que acontecerá se não fizermos isto?".

O reconhecido autor de 14 livros sobre filosofia e religião, com diplomas de Harvard e de Princeton, olhou para Ketchum e disse: "Perderá sua alma". O CEO escolheu o propósito e um legado duradouro.

Personagens Principais em Sua História do Propósito

Ideias não são ilhas, isoladas. Nenhum pensamento, por si só, é a única resposta para o futuro dos negócios. Quando grandes mentes e *insights* estão reunidos, coletivamente trazemos à luz o passado, o presente e o futuro. Eles se mesclam para criar algo de maior proporção – um modo de se tornarem mais importantes por meio de algo mais significativo.

"Enquanto os luminares fornecem joias, é no polimento e na montagem delas – na síntese das pedras em estado bruto – que emerge o que é relevante para sua marca", declara a diretora de estratégia da BrightHouse, Dolly Meese.

Qual é o Propósito deste Capítulo?

- A incubação serve para expandir o pensamento para o papel que sua marca pode representar no mundo.
- Ao se tratar de pensamento, quantidade de tempo é a nova qualidade de tempo.
- Luminares não ajudam a vender produtos, eles ajudam a contar sua história de propósito.

Dicas de Propósito

- Traga luminares para acender uma lâmpada de um bilhão de watts sobre o papel de sua marca no mundo.
- Orquestre o ambiente para a incubação, não a conversa.

PROPÓSITO S.A.

- Escute com a intenção de ser influenciado.

11

Iluminação

Grandes ideias não surgem, elas evoluem.

> — *Joey Reiman,*
> *Ideias: como usá-las para renovar*
> *seus negócios, sua carreira e sua vida*

A história da iluminação data das civilizações antigas. Em 275 a.C., um jovem general chamado Hieron foi escolhido como rei da antiga cidade grega de Siracusa. Reconhecendo seu sucesso como presente dos deuses, resolveu retribuir o favor oferecendo-lhes uma coroa de ouro. Pesou a quantidade exata de ouro e encarregou um ourives da fabricação de seu presente.

A coroa foi entregue a Hieron. Embora parecesse ter o peso exato da quantidade de ouro por ele fornecida, Hieron ouvira boatos de que o ourives não havia feito a coroa de ouro puro, misturando prata na liga. O general ficou compreensivelmente irritado e decidiu descobrir a verdade.

Procurou seu primo Arquimedes para ajudá-lo a resolver o mistério. Conhecido por seu trabalho em matemática e física, Arquimedes passou dias refletindo sobre um modo de descobrir a verdade. Imerso em seus pensamentos, caminhou em direção à casa de banho para seu banho diário.

164 PROPÓSITO S.A.

Quando submergiu o corpo na água da banheira para se enxaguar, Arquimedes notou que a água começou a transbordar. Curioso, começou a submergir na banheira repetidas vezes, notando que quanto mais baixo descia o corpo, mais água transbordava pelas beiradas.

Em um momento de iluminação, Arquimedes se deu conta de que encontrara a solução para a questão de Hieron. Animado por sua descoberta, saiu da banheira e correu nu pela cidade gritando: "Eureca! Eureca!" – palavra grega que significa "Encontrei! Encontrei!"[1]

A investigação e a incubação em uma banheira levaram à iluminação de como mensurar o peso volumétrico e à indiciação do ourives. Embora seu momento de descoberta possa não levar a um comportamento tão extremo, deveria ser igualmente excitante.

Como Ter um Momento Eureca

Momentos de iluminação funcionam da mesma maneira nos negócios. Depois de permanecer mergulhado em reflexão – na incubação –, você tem uma fagulha que o impulsiona numa direção em que consegue ver algo que, até então, estava obscuro. Se a ideia é brilhante o suficiente, você tem um momento Eureca. Não se controlam *flashes* de genialidade como esses; você simplesmente precisa permanecer aberto à sua possibilidade. É tudo o que você pode fazer. A criatividade depende do que você está pensando, com quem você está pensando e onde estão pensando.

A BrightHouse conduz quatro sessões de ideação de três horas cada ao longo de um mês para articular a *Master Idea* e a narrativa, com base nos *insights* da investigação e da incubação. Realizamos essas sessões somente de manhã, porque é o período em que nossas mentes estão mais frescas. Quando você combina o aprendizado obtido com a investigação e a incubação, tem tudo de que precisa para iluminar seu caminho até a *Master Idea*.

Para conseguir um momento Eureca, precisamos nos lembrar do mentor de Arquimedes, Aristóteles, que encontrou propósito na intersecção de seus talentos únicos com as necessidades do mundo, ou, na linguagem da BrightHouse, na intersecção da investigação com a incubação. Esse também é o lugar para começar a criar sua declaração de propósito ou *Master Idea*.

Como discutimos no Capítulo 3, a sua *Master Idea* é o fruto que cresceu a partir das raízes de sua organização. Satisfaz um desejo fundamental em todos nós. É atemporal, ensina, satisfaz, é um grito de guerra, é baseada em *ethos*, é transformadora, inspira e nasce de convicção absoluta e não de dados. Podemos proclamá-la aos gritos, para que todos ouçam; ao mesmo tempo, ela sussurra ao coração. A *Master Idea* é a pulsação da sua empresa.

A Colaboração Cria Mais Luz

Uma colaboração ponderada deixará sua mente em condições de alcançar a iluminação – o momento de euforia em que a lâmpada aparece sobre sua cabeça e brilha tão intensamente que os que estão ao seu lado precisam cobrir os olhos. As *Master Ideas* são construídas por equipes. Por isso, vamos aproveitar a oportunidade para entender como trabalhar em colaboração. A mentalidade para o trabalho em equipe é alinhavada com fios de inocência, curiosidade e compaixão. Esses três fios combinados permitem o cultivo da colaboração. Quando tecemos esses fios juntos durante as equipes de ideação, favorecemos as oportunidades de iluminação.

Fio 1: Inocência

Inocência não é ingenuidade. Ao contrário, é uma abertura para o aprendizado. Quando crianças, somos receptivos a novas ideias e ensinamentos, com uma mente desprotegida. Este é um momento de voltar àquela inocência da juventude, à avidez de adquirir e absorver. Quando chegamos ao ensino médio, já perdemos o ímpeto da genialidade. Somente um retorno à inocência desenterrará a criatividade. Aqui está como trazê-la de volta:

- Venha para a ideação com a intenção de ser influenciado.
- Esqueça sua estratégia pessoal e mantenha o foco no futuro.
- Não tenha medo de expor algo que talvez seja embaraçoso. É provável que seja a grande ideia.

Fio 2: Curiosidade

Um senso de curiosidade é importante para a descoberta. Saber como perguntar é a chave para revelar o prodigioso! A contemplação leva à revelação, por isso é interessante refletir antes da sessão. Lembre-se de que a tartaruga sempre vence a apressada lebre. Se você quer chegar primeiro, diminua a velocidade e permita-se ser curioso.

Aqui está como fazer isso:

- Passe mais tempo fazendo pesquisa antes da sessão.
- Mantenha um diário com você, não na cabeceira da sua cama. Sempre carregue algo em que possa fazer anotações.

Pergunte *por que* aonde quer que vá. Seja uma "pessoa dos porquês". Quando a BrightHouse escava o propósito de uma marca, nossa equipe trabalha para descobrir verdades humanas universais que definam necessidades dos consumidores e, assim, o papel significativo que a marca pode desempenhar no mundo. Um jeito pelo qual fazemos isso é por meio do questionamento constante. A diretora de estratégia da BrightHouse, Dolly Meese, explica que "mesmo quando sentimos ter chegado ao coração do propósito de uma organização, continuamos a insistir, sempre questionando 'por quê?', até que não seja mais possível fazer essa pergunta".

Fio 3: Compaixão

A compaixão é uma virtude que permite sentir a dor ou angústia dos outros. Por isso, entramos em nossas ideações com empatia por todas as partes interessadas. Deixe seu coração ser seu guia, pois, ainda que ele bata 2,5 bilhões de vezes durante sua vida, a real força dele está na capacidade de compaixão. Warren Bennis, guru dos negócios e autor de *Os gênios da organização* (Campus, 1998), diz: "Não importa o objetivo – pode ser o de eleger um candidato para a Casa Branca ou tentar salvar o mundo livre –, os Grandes Grupos [de ideação] sempre acreditam estar fazendo algo vital, até mesmo sagrado".[2] Como unir ideação e compaixão?

- Escolha um inimigo, e não um concorrente, para derrotar. Um inimigo ameaça os seres vivos e o planeta, não o mercado.

- Coloque-se no lugar de todos os interessados na questão para conseguir pensar em soluções inovadoras.
- Faça do bem seu objetivo.

O resultado: colaboração

A inocência, a curiosidade e a compaixão de seu time são necessárias para a colaboração genuína. Times vencem porque têm mais braços, pernas, olhos, bocas, cérebros e corações. Além disso, podem se mover mais rapidamente e com mais eficiência. A colaboração é como fazer uma boa sopa: o único modo de criar um sabor intenso é por meio de bons ingredientes e de tempo. E não há como fingir ou reproduzir isso. Da mesma maneira que inúmeros vegetais e carnes são necessários para produzir uma base saborosa para sua sopa, é necessário abundância de mentes colaborativas e tempo para formar a *Master Idea*.

Michelangelo tinha um time de 13 artistas que pintaram a Capela Sistina, 650 artistas trabalharam no filme *Fantasia*, de Walt Disney, e quase 1 milhão de pessoas construiu a Grande Muralha da China. Realizações verdadeiramente grandiosas aconteceram somente quando pessoas se reuniram e trabalharam em conjunto para um propósito comum.

Lugares Onde Pensar

Pensar não é a atividade central dos negócios. Sonhar acordado é motivo de desaprovação e soluções rápidas são recompensadas. Como resultado, o local de trabalho é frequentemente o *último* lugar em que pensadores de verdade são encontrados.

Ideias não gostam de escritórios, e *insights* não surgem de fora. Chegou o momento de pensar de modo inovador. Apesar do fato de criatividade poder ser qualquer resposta incondicionada, ainda podemos melhorar as chances para que o pensamento ideal de bilhões de watts aconteça.

168 PROPÓSITO S.A.

Meus cinco lugares favoritos para a iluminação

1. *O carro.* Desligue o telefone e coloque seu cérebro em marcha. Como alguém que é pago por grandes ideias, penso na quilometragem rodada como milhões por litro. O carro pode parecer um lugar estranho onde pensar, no entanto, estamos relaxados e alertas quando estamos dirigindo. O cérebro é ajustado para o modo neutro e as ideias começam a surgir de todo lugar. Pense em sinais vermelhos como presentes que permitem que você coloque essas ideias no papel.

2. *O chuveiro.* O chuveiro é um lugar de fascínio. É um espaço fechado, privativo e cálido, com acústica excelente – em essência, um útero para as ideias! É por isso que tantas ideias nos surgem no chuveiro. Pense nisto: aposto que se lembra de pelo menos uma vez (provavelmente mais) em que experimentou um momento de inspiração no chuveiro. Eu cheguei a instalar um chuveiro no meu escritório com as letras P-E-N-S-E impressas nos azulejos. E, assim como Arquimedes descobriu, banheiras também funcionam. Aqui não estamos fazendo ou dizendo nada, apenas sendo/existindo.

3. *O trono.* A famosa estátua *O Pensador,* de Rodin, está naquela posição por uma boa razão. Sentar no trono é um momento de liberação, para além dos números um ou dois. Pode ser um momento de profunda contemplação em vez de apenas excreção. O trono é local de entretenimento para a mente. Há sempre material de leitura. Na verdade, 74% das pessoas leem no banheiro, de acordo com o Bathroom Confidential Study [pesquisa confidencial sobre hábitos no banheiro] que a marca de papel higiênico Quilted Northern realizou em 2004.[3]

4. *O parque.* Infelizmente, muitos de nós apresentam *transtorno de déficit de natureza* (TDN). Mas a natureza tem todas as grandes ideias; é o berço da imaginação. Por isso, aquiete a mente por um instante e saia ao ar livre.

5. *Lugares de devoção.* Apesar de ter sido criado no judaísmo, frequento diferentes locais de devoção quando estou em busca de uma grande ideia. Nada se compara à inspiração divina; a

arquitetura desses lugares é pensada para permitir que se fique tão próximo dos céus quanto humanamente possível.

Todos esses lugares são propícios ao surgimento de ideias. São santuários nos quais as ideações pessoais podem acontecer entre você e uma infinidade de possibilidades. Ironicamente, é nesses lugares de quietude que as ideias se fazem ouvir de maneira mais intensa.

Agora que você sabe quais são meus lugares favoritos para pensar, quais são os seus?

Todos têm maneiras particulares e modos únicos de encontrar a iluminação. Quando eu era criança, minha mãe me obrigava a assistir a um filme na noite anterior a uma prova. O resultado, naquela época, eram notas melhores; hoje são ideias melhores. O que você faz para estimular a *sua* imaginação? Todos os grandes pensadores tinham algo – ou algum lugar – único:

- O escritor Ralph Waldo Emerson se hospedava em hotéis.
- O filósofo Friedrich Nietzsche fazia longas caminhadas.
- O grande artista Leonardo da Vinci fitava rachaduras na parede.

Uma caixa quadrada feita de aço, alumínio, cobre, vidro e vinil foi meio de cultura para alguns dos maiores pensadores do planeta desenvolverem suas ideias. A Disney, a Hewlett-Packard e a Apple começaram em garagens, o que serve de prova de que a propriedade mais importante do mundo é o cérebro.

Mentes em Ação

Você não somente precisa mudar sua mentalidade para iluminar sua marca, precisa mudar também sua linguagem. Qualquer alteração – qualquer coisa que transforme, ainda que um pouco, sua rotina diária – pode ter impacto:

- Mude sua rotina.
- Mude seu escritório.

170

PROPÓSITO S.A.

- Mude de direção.
- Então, mude de opinião.
- *Simplesmente* mude.

A linguagem da iluminação é uma mudança na maneira como você pensa e vê os princípios controladores. Todos nós já ouvimos os mesmos "matadores de ideias" repetidas vezes no ambiente de trabalho. Agora é hora de repensar como nos expressamos e transformar esses matadores de ideias em *criadores* de ideias.

Veja a seguir algumas mentalidades e frases antagônicas:

Matador de Ideias	Criador de Ideias
Não pode ser feito.	Nunca foi feito antes.
Não há previsão no orçamento.	Vamos conseguir o dinheiro.
Impossível.	É possível.
Não me faça perder tempo.	Acharei tempo.
É minha última tentativa.	Vamos tentar mais uma vez.
Revirar de olhos.	Com foco.
Suspiros.	Surpreendente!

Nunca balance a cabeça para a ideia de alguém. Ninguém, independente de seu nível de "expertise", está em posição de julgar o mérito de uma ideia cujo tempo ainda não chegou. É trágico imaginar os muitos pensamentos brilhantes que foram massacrados por uma reação de esquiva, uma careta, um suspiro ou um revirar de olhos. O cinismo é inimigo da criatividade. As ideias já nascem se afogando, por isso, faça um esforço para salvar uma a cada dia. Pode ser que essa ideia, por sua vez, venha a salvar sua empresa – ou o mundo.

Para conseguir fazer isso, contudo, você precisa mudar seu modo de pensar – para que consiga mudar o mundo. Não podemos nos tornar quem precisamos ser continuando os mesmos, tanto como indivíduos quanto como organizações. Reconfigurar sua mente para um modo de pensar diferente desempenha um papel vital para alcançar a iluminação. O modo como você pensa é tão importante quanto o conteúdo encontrado em suas reflexões.

Iluminação **171**

- **Não há regras.** Não há diretrizes, estrutura, direção, leis, princípios ou procedimentos quando se fala de iluminação; é um processo de livre fluxo e sem fronteiras. Como disse o grande pensador Thomas Edison: "Não há regras por aqui, pois estamos tentando realizar alguma coisa".[4] Há os que formulam as regras, os que as seguem e os que as quebram. Advogados formulam regras; os gestores tradicionais as seguem; e os artistas e eruditos as quebram. Não obedeça às regras, pura e simplesmente; questione-as. Elas podem estar limitando sua criatividade tanto quanto qualquer outra coisa. Na verdade, a única autoridade é a da imaginação!

- **Aguce seus sentidos.** A imaginação é um órgão de significado; possui cinco partes denominadas *sentidos*. Olhos servem para enxergar seu trabalho por um novo prisma. Ouvidos servem para escutar em dobro. O fato de possuirmos dois deles, e somente uma boca, deveria ser uma pista. A BrightHouse tem um piso de plano aberto e um *deck* ao ar livre. Sem paredes, nós escutamos, vemos, sentimos o ar e podemos até mesmo nos aproximar de nossos parceiros de ideias para pedir ajuda. Nossa cozinha também está repleta de alimento para reflexão. Nossos lanches incluem mirtilos, grãos de soja, nozes, sementes de abóbora, chocolate, cereais integrais para o café da manhã e, é claro, café orgânico. As empresas menosprezam a importância dos nossos sentidos, quando, na verdade, muitos sentidos geram divisas.

- **A rotina é inimiga da inovação.** Ao longo do tempo, o que era prazeroso torna-se uma chatice e, então, um túmulo para grandes ideias. A repetição é feita para ginastas, não para luminares. Ainda não encontrei a definição para o limite humano no dicionário. O objetivo de nosso esforço é realizar o impossível, tornando-o primeiro improvável e depois iminente. Em vez de "por quê?" é hora de perguntar "por que *não*?".

- **Da curiosidade ao encantamento.** Curiosidade, inocência, vitalidade – alguns diriam que esses são nossos traços infantis. Nós dizemos que são os ingredientes-chave para o aprendizado e a descoberta maduros, para a revelação e o assombro. É a mágica que muda o modo de pensar de pessoas que podem mudar o mundo. Ser um luminar é ser um farol e conduzir a sociedade em seu desejo insaciável de ser surpreendida. Todas as grandes ideias foram consideradas absurdas inicialmente. São também as ideias duradouras. A emoção provocada por algo assombroso, surpreendente ou magnífico é o tecido do extraordinário.

- **Pense bem.** Como disse o diretor Steven Spielberg, "minha profissão é sonhar".[5] A mediocridade é autoinfligida; o gênio é auto-outorgado. Quem você é ao acordar é também ao adormecer. Por isso, pense grande, faça e diga grandes coisas, ou então fique debaixo das cobertas.

A Iluminação é Mágica

Iluminação tem a ver com mágica e transformação. Um de meus livros favoritos é *O Alquimista*, escrito por Paulo Coelho em 1988. Alquimistas acreditavam que, a certas temperaturas elevadas, os metais se libertariam de suas propriedades individuais, permitindo que a alma do mundo fosse libertada. Chamavam à descoberta de "Grande Obra".

Cada reação química transforma os elementos envolvidos em algo novo. A iluminação funciona do mesmo modo: transforma os materiais da investigação e da incubação em um *insight* novo e iluminador.

Como na alquimia ou na química, a iluminação trata da transformação de um conjunto de ideias e informações numa *Master Idea* tangível e significativa, movida por propósito e articulada de forma autêntica. Trata-se de acreditar que o tempo que você passou investigando e incubando será concretizado de um modo notável e reluzente. É a culminação de seu trabalho duro, de suas intenções mais nobres e da dedicação ao processo colaborativo.

É na iluminação que o que sua empresa oferece ao mundo se cruza e se alinha com o que o mundo precisa de sua empresa. É tempo de tomar parte de um novo modo de trabalhar no mundo dos negócios, em que a mente criativa é reverenciada em um mundo de menos análise e mais alquimia.

A *Master Idea* é sua verdade. Descoberta, articulada e ativada, guia e inspira sua empresa. A iluminação é a luz que permite às pessoas sonhar em plena luz do dia. É o que Arquimedes encontrou na banheira e a ideia com a qual quero cobri-lo neste livro.

Articulando Sua *Master Idea*

O que os discursos de posse de John F. Kennedy, Franklin Delano Roosevelt e Abraham Lincoln tinham em comum? Cada um deles tinha uma *Master Idea* que incorporava um ideal mais elevado. Para Kennedy, foi: "Não pergunte o que seu país pode fazer por você, mas o que você pode fazer por seu país". É equivalente a: "A única coisa a temer é o próprio medo", de Roosevelt, e a "Sem malícia contra ninguém e com caridade para com todos....", de Lincoln.

Você não precisa ser redator de discursos, mas terá de saber juntar as palavras, de modo que passem pelos critérios da *Master Idea*. Esse é um dos valores da eloquência da BrightHouse. Ou, como diz nossa diretora criativa, Cathy Carlisi: "O som e o ritmo das palavras são tão importantes quanto seu sentido. São eles que fazem com que as pessoas se lembrem de uma frase e gostem de repeti-la. É assim que as frases se tornam vivas".

São estas as regras a serem lembradas:

- **Escolha as palavras certas.** Escreva algo que todos saibam, mas que ninguém tenha ouvido antes, como o "Cuidar de quem cuida deles", da Graco.

- **Brinque com as palavras.** Todos nós já ouvimos trocadilhos. Bem, esse é o *playground* do vocabulário. Troque e combine termos técnicos com verdades humanas e terá o "Corações que fazem o mundo escrever", da Paper Mate.

- **Você pode esculpi-las na pedra?** Embora as *Master Ideas* possam ser lúdicas, não estão para brincadeiras. Devem possuir seriedade e poder, como a "Coragem e glória" da Irwin.

- **Combine *know-how* com *wow*.** É o caráter único de sua empresa ou marca acrescido do *wow* que você está trazendo ao mundo. É seu ponto somado a poesia, é inteligência mais eloquência, e é exato, mas ainda conta sua história de propósito, como o "Cuidar de quem cuida deles", da Graco. Como sustenta a tribo indígena Hopi, "quem conta a história domina o mundo".

Use os Diagramas de Venn para Criar Seu Propósito

Experimente este exercício depois de sua investigação e incubação (ver Figura 11.1 e Figura 11.2). À esquerda do Diagrama de Venn, escreva algumas reflexões iniciais sobre os talentos únicos de sua marca. Do lado direito escreva as necessidades do mundo. Na intersecção dos dois, que expressão você criaria para comunicar sua *Master Idea*? Escreva algumas *Master Ideas* iniciais. Então, compare-as com a lista de critérios (Figura 11.3).

FIGURA 11.1 Diagrama de Venn da Intersecção do Propósito da BrightHouse

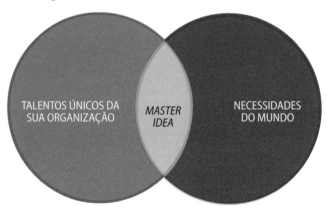

Fonte: © BrightHouse. Ilustrações de David Paprocki.

FIGURA 11.2 Exercício sobre o Diagrama de Venn da Intersecção do Propósito da BrightHouse

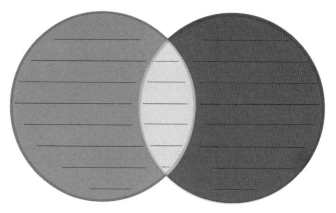

Fonte: © BrightHouse. Ilustrações de David Paprocki.

FIGURA 11.3 Princípios da *Master Idea* da BrightHouse

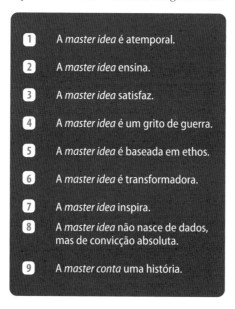

Fonte: © BrightHouse. Ilustrações de David Paprocki.

Qual é o Propósito deste Capítulo?

- A iluminação é a interseção de seus talentos únicos com as necessidades do mundo.
- Compaixão conduz a colaboração; colaboração leva a iluminação.
- O modo como você pensa é tão importante como o que você encontra em pensamento.

Dicas de Propósito

- Escolha suas palavras com propósito.
- Crie uma *Master Idea* que inspire, guie e cure.
- Lembre-se de fazer com que a *Master Idea* seja memorável.

12

Ilustração

Luzes, câmera, ações!

— Joey Reiman,
sobre a ativação do propósito

A ilustração é o meio de trazer sua *Master Idea* à vida para todos os que irão vivê-la. "We shall overcome"* é uma *Master Idea* incrivelmente poderosa. Tornou-se tangível e real para o mundo quando templos religiosos abriram as portas, pregando a mensagem de que as pessoas deveriam abrir seus corações.

Para muitos que não sabiam ler, as janelas com vitrais coloridos contavam uma magnífica história de propósito. E a canção fazia um convite para que as pessoas se tornassem versos naquela história. Essa ilustração de uma *Master Idea* mudaria para sempre a nossa maneira de viver e pensar. A ilustração amplifica e comunica a *Master Idea* por meio de palavras, imagens e música surpreendentes, todas cuidadosamente selecionadas.

---

* "Nós venceremos", hino do movimento pelos direitos civis nos Estados Unidos. (N. do T.)

Verdade na Publicidade

Quando a Nike disse "Just Do It" (Simplesmente Faça), deu voz à crença de que os seres humanos não têm limites – pelo menos no domínio dos esportes.

A Disney foi fundada com base na *Master Idea* de que é possível transformar sonhos em realidade, articulada pela música do Grilo Falante: "When you wish upon a star, it makes no difference who you are" (Quando faz um pedido a uma estrela, não importa quem você é).[1]

A TV falava ao coração da Geração X quando apresentava a noção de que a liberdade de expressão é um direito humano e o proclamava com o grito de guerra: "Eu Quero Minha MTV!".

A Figura 12.1 mostra alguns exemplos de *Master Ideas* e as articulações de propósito que elas inspiraram.

O lema da Apple que captura sua *Master Idea* – "Pense diferente" – não deixa de ser um movimento, pois autoriza artistas que, de outra forma, não teriam nenhuma bandeira para levantar no campo de batalha do mundo dos negócios. Usando Alfred Hitchcock, Lucy e Ricky Ricardo, Jim Henson, Muhammad Ali e Miles Davis como modelos de criatividade, a Apple lançou uma revolução criativa.

FIGURA 12.1 Verdades Humanas e suas Articulações

EMPRESA	*MASTER IDEA*	ARTICULAÇÃO
NIKE	O humano não tem limites.	Just Do It (Simplesmente faça)
MTV	A autoexpressão é um direito humano.	Eu quero minha MTV!
APPLE	Todos são inventivos.	Pense diferente.

Fonte: © BrightHouse. Ilustrações de David Paprocki.

Movimentos começam com um pequeno grupo de almas inspiradas que emergem, encontram umas às outras e partilham seus dilemas particulares – e, ao fazer isso, criam uma questão de interesse público. Os movimentos pelos direitos civis, pelo sufrágio feminino, e até mesmo pela liberdade em si foram todos instigados por *Master Ideas*. "Essa ideia surgiu nas mentes de uns poucos pensadores apaixonados moralmente", afirma Theodore Roszak, professor da Cal State em East Jay.[2]

Master Ideas não são slogans

A melhor publicidade é movida por verdades humanas denominadas *Master Ideas*. Embora esse não seja o caso da maior parte das marcas, encontro líderes empresariais que buscam ativamente, todos os dias, novas maneiras de desenvolver suas marcas e empresas, tornando-as melhores. E estão se voltando para o poder do propósito. Os *slogans* inspirados pelas *Master Ideas* ressoam mais intensamente, tanto dentro como fora da organização. Por exemplo, "Whole Foods, Whole People, Whole Planet" (Comida Saudável, Pessoas Saudáveis, Planeta Saudável) não é simplesmente um lema para o Whole Foods Market; é uma filosofia operacional que preconiza a interdependência.[3] Os produtos do Whole Foods são orgânicos, de todo o mundo, seu pessoal é diversificado, e o planeta é uma parte interessada no negócio tão importante quanto seus clientes.

Seja, Faça, Diga

Nos dias de hoje, o propósito descolado da ação é inútil. Embora toda organização tenha sua própria versão de como desenvolver sua estratégia para fazê-lo chegar ao mercado, na BrightHouse, usamos nosso comprovado sistema *Ser-Fazer-Dizer* para ativar e implementar a *Master Idea* de uma organização. O *Ser-Fazer-Dizer* tem impacto não somente no modo de uma organização se apresentar no mercado para criar relacionamentos mais fortes com participantes externos, como clientes, consumidores e parceiros, mas também com os participantes internos, como empregados e acionistas.

FIGURA 12.2 O Processo de Ideação dos Quatro I's da BrightHouse e o *Ser-Fazer-Dizer*

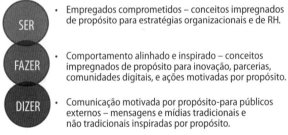

Fonte: © BrightHouse. Ilustração de David Paprocki.

Os Quatro Is (investigação, incubação, iluminação e ilustração) levam ao *porquê*, e o *Ser-Fazer-Dizer,* ao *como* (ver Figura 12.2). Eles servem de garantia para que nosso pessoal e nossas ações, de forma constante e consistente, consigam chegar ao propósito.

- *Ser* engaja seus associados com propósito.

Ilustração **181**

- *Fazer* traz ações decididas para sua empresa e para as pessoas todos os dias.
- *Dizer* comunica mensagens resolutas a todas as partes interessadas.

Ser Quem Você É

Quantas pessoas na sua empresa podem ser quem verdadeiramente são? *Ser* encoraja os gestores a permitir que seus empregados se apresentem inteiros para o trabalho, que aceitem seus valores e façam parte de um movimento. Da integração à transição, o *Ser* emprega valores da empresa a serviço de uma cultura saudável – e responde a questões cruciais como:

- Qual o impacto do propósito em nosso comportamento todos os dias?
- Quais são nossas crenças compartilhadas?
- Qual é o tecido de nosso *ethos*?
- Que crenças norteadoras e que ideais caracterizam nossa comunidade?

Ser transmite a mensagem da Irwin

Veja a Irwin Tools, por exemplo. A Irwin fabrica ferramentas que passam por mãos de todo o mundo. Levando em conta a *Master Idea* "Coragem e glória", sugerimos que a Irwin gravasse os seguintes valores, específicos à sua indústria, memoráveis e diretivos, nos degraus de uma escada no *lobby* da empresa, de modo que pudessem ser vistos por todos, todos os dias:

- **Combine ousadia e tradição.** Temos espírito jovem e fome de melhorar e vencer, combinados a uma longa história de produtos bem conhecidos.
- **Seja duro como pedra**. Tivemos de nos curvar a uma história de mudanças, mas nunca nos quebramos.
- **Seja autêntico.** Nossas ferramentas são testadas e confiáveis, e jamais deixam nossos usuários finais na mão.

- **Aproveite a experiência de quem usa seu produto.** Temos verdadeira curiosidade e obsessão por nossos usuários finais, porque nós também somos usuários finais.
- **Faça cada detalhe contar.** Sabemos unir ferramentas individuais para criar soluções inovadoras.

Ser é a receita da Calphalon

No trabalho com a Calphalon, a marca de utensílios de cozinha da Newell Rubbermaid, desenvolvemos cinco ingredientes-chave para o alinhamento do *ethos*:

- **O negócio da vida:** a paixão pela vida e pela Calphalon baseia-se em boa companhia e em ótimas experiências vividas em conjunto.
- **Feito com amor:** é resultado de ingredientes, pessoas e ideias combinados; é um trabalho de amor.
- **A intuição da Calphalon:** a organização se eleva por meio da intuição coletiva.
- **O anfitrião à mesa:** é reconfortante unir pessoas e ideias.
- **Inovação acessível:** manter-se como o especialista acessível, valorizando o "viver a vida" de forma plena.

Os valores da Calphalon foram gravados em colheres de medidas que foram distribuídas aos colaboradores para que se lembrassem das "Medidas do Sucesso" da Calphalon. Os empregados vivem esses princípios todos os dias, garantindo que o espírito da Calphalon permaneça intacto à medida que a empresa cresce e se modifica.

Fazer É Viver o Seu *Porquê* por meio de Ações

Ser é quem você é. *Fazer* é o que você faz com isso. *Fazer* alinha e inspira ações, desenvolve ferramentas e recursos para trazer o propósito de sua empresa à vida. Ao projetar estratégias e planos táticos de alto nível para ativar sua *Master Idea* tanto interna como externamente, você pode criar ações sobre o propósito para o público interno.

Ilustração **183**

Fazer enfatiza respostas a questões como:

- Como suas ações trazem seu propósito à vida?
- Como suas ferramentas e recursos trazem seu propósito à vida?
- Como podemos implementar programas novos e únicos tanto externa como internamente?
- Como nos conectamos com o consumidor de uma maneira interativa e significativa?

A Paper Mate *faz* a coisa certa por meio da escrita

"Corações que fazem o mundo escrever" é a *Master Idea* da Paper Mate, uma das marcas da Newell Rubbermaid.

Fazer envolve inventar modos de afetar positivamente sua empresa e o mundo por meio de programas, produtos e serviços únicos. Penny McIntyre, presidente do Consumer Group (Grupo de Consumidores) da Newell Rubbermaid, disse: "Acho que nosso propósito fornece uma linguagem comum e um ponto de compromisso em torno do qual a organização pode se reunir. Ele fala ao elemento mais fundamental de por que fazemos o que fazemos – como vemos nosso orgulho pessoal ser investido no que passamos muito tempo fazendo... trabalho. O propósito é uma ferramenta para conseguir reter nossos colaboradores, assim como é um diferenciador de outros negócios. O propósito fornece o *porquê* e o *como* para o *que* fazemos todos os dias".

Segundo a visão de McIntyre, a Paper Mate poderia ter dito: "Nossas canetas existem para conectar pessoas". Mas "Corações que fazem o mundo escrever" é uma verdade que incorpora seu *ethos* e seu logotipo, os dois corações. Ao trazer seu propósito à vida, McIntyre e a equipe da Paper Mate agiram e enviaram canetas a crianças do Malawi, dando-lhes a oportunidade de melhorar o mundo por meio da educação.

O propósito corta barreiras

A Lenox Industrial Tools levou um de seus valores – "Percorrer a milha extra" – às corridas. O valor declara: "Buscamos o excelente, não o bom. Enfrentamos qualquer desafio, transformamos provas em triunfos. Não aceitamos acordos, atalhos ou derrotas. Continuamos até encontrar a solução que faça aumentar nosso sucesso, o sucesso de nossos clientes e nossa capacidade de construir um mundo melhor".

A Lenox patrocinou a New Hampshire Motor Speedway, corrida da Nascar denominada Lenox 300 (300 milhas da Lenox). Convenceram a Nascar, no entanto, a acrescentar uma milha adicional e mudaram o nome para Lenox 301 com base em seu valor de "fazer um esforço adicional".

Também enviaram um convite para o "Extra Mile Hero" (herói da milha extra), um prêmio para quem vai além do esperado em suas ações a serviço de outros, assim como por usar os produtos da Lenox no trabalho com integridade. A Lenox recebeu mais de 600 inscrições para o prêmio Extra Mile Hero e levou os dez finalistas à corrida de New Hampshire para aguardar o grande anúncio feito por Jeff Burton. Se o piloto da Lenox ganhasse, o Extra Mile Hero ganharia US$ 1 milhão para dividir com a entidade de caridade de sua preferência.

Bicicletas de 20 milhões

Em viagem recente à BrightHouse Brasil, fui convidado a falar sobre a minha própria "História de Propósito" à liderança de um banco. Fiquei sabendo que o banco também tinha um propósito. E o modo que eles encontraram de demonstrar isso me surpreendeu.

Andrea Cordeiro Pinotti é a responsável pelo marketing institucional do Banco Itaú, o maior banco privado do Hemisfério Sul, de acordo com informação da Bloomberg de 31 de dezembro de 2011. O propósito do banco é "ser um agente de transformação", e Cordeiro Pinotti diz que, "para conseguir isso, temos que ir além do papel de uma instituição financeira". E como conseguem isso? Com bicicletas! "Rio de Janeiro e São Paulo são duas das maiores e mais importantes cidades do Brasil. A mobilidade urbana é um grande problema para ambas, uma vez que cresceram absurdamente nos últimos anos e o trânsito só piorou, afetando negativamente a qualidade de vida das pessoas", diz ela.

"Com esse projeto, não estamos somente oferecendo às pessoas um meio de transporte alternativo – e transformando a maneira pela qual se locomovem pela cidade –, também estamos oferecendo um meio ecologicamente correto para que aproveitem suas próprias cidades. E elas estão dando valor a isso."

Funciona da seguinte maneira:

Escolhe-se uma das estações de bikes do banco para retirar a bicicleta. Deve-se ou ter entrado em contato com a central de serviços por telefone ou pode-se fazer o *download* de um aplicativo para celular e realizar a reserva. De acordo com Cordeiro Pinotti, "a maioria das pessoas adora!".

Eu, com certeza, adorei. Minha mulher e eu escolhemos duas bicicletas e pedalamos pela orla de Copacabana. Cordeiro Pinotti explica que "a estratégia aproxima as pessoas da nossa marca, e a reação nas mídias sociais é enorme. As pessoas tiram fotos quando estão pedalando, fazem filmes e nos mandam mensagens. Muitos querem comprar as bicicletas. Infelizmente, não estão à venda".

Dizer algo com propósito permite que pensemos além dos meios de comunicação convencionais como TV, rádio, mídias impressas e *outdoors*. Na verdade, o melhor modo de dizer algo é por meio do cinema.

O Propósito Faz a Pipoca Estourar

As pessoas adoram ir ao cinema. É uma experiência que faz com que vivenciem uma história que ensina, inspira e as guia pelo caminho. Ao capturar a vida da forma como é vivida pelos indivíduos – com palavras, imagens, som ambiente e música –, um filme consegue inspirar e comunicar por meio da emoção, de um modo que nenhum outro meio consegue.

Agora é o momento de criar seu filme sobre a *Master Idea*, do mesmo modo que fazemos para todos os clientes que vão à busca do propósito. Quando a jornada chega ao fim, é a melhor maneira de apresentar o propósito para a organização.

O filme da *Master Idea* é uma expressão visual da sua *Master Idea*, cuja função é transformar sua narrativa em um filme curto, mas intenso. Ele traz à vida o propósito da empresa. Pode ser chamado de *estratégia visual* ou de complemento emocional à estratégia racional apresentada na plataforma do projeto, e é destinado ao público interno. Ele captura

186 PROPÓSITO S.A.

a essência do propósito da empresa de um modo que os empregados de todos os setores da organização consigam entendê-la e se tornem galvanizados por esse sentimento.

Conto agora um pouco do meu próprio *ethos*: depois de me formar na Brandeis University, embarquei no transatlântico Leonardo da Vinci com destino a Gênova. Dirigi, então, até os Estúdios Cinecittá, em Roma, na Itália, para começar um estágio com o diretor de cinema italiano Federico Fellini. Fellini é considerado um dos cineastas mais influentes do século XX, e ganhou cinco prêmios da Academia (Oscar). O que aprendi de sua carreira de 40 anos no cinema foi que, se quiser fazer com que as pessoas se lembrem de alguma coisa, é recomendável criar uma experiência emocional relacionada ao tema – e nada faz isso melhor do que um filme de propósito. A seguir é apresentado um roteiro escrito por nossa diretora de criação e poeta nacionalmente reconhecida, Cathy Carlisi, de um filme nosso chamado *The purpose of purpose* ("O propósito do propósito"):

(O filme abre com uma citação de Gandhi.)

"Um pequeno grupo de espíritos resolutos, impulsionados por uma fé inquebrantável em sua missão, pode mudar o curso da História".

(Então, em negrito e numa letra bonita...)

O propósito não é o "o quê",

"o onde" ou "o quem".

Propósito é "o porquê".

(Imagens de Jimmy Carter, de Eileen Collins, do fundador do Google e de Madre Teresa passam num piscar de olhos.)

É o porquê de lutarmos.

É o porquê de nos empenharmos.

É o porquê de existirmos.

Propósito nos ajuda a acordar de manhã.

A trabalhar. A dormir à noite.

King chamou isso de Liberdade.

Kennedy chamou isso de Lua.

Disney chamou de Mágica.

(Imagens em preto e branco de King, Kennedy e Disney são exibidas.)

A mágica que cria movimentos

Que cria movimento.

Ilustração

(Imagens dos rostos de Ted Turner, de Paid Newman e de Maya Angelou sucedem-se rapidamente na tela.)

O propósito do Propósito

É gerar Energia

(Uma imagem de Martha Graham de tirar o fôlego.)

Movimento balístico,

uma força que impulsiona

você como a um atleta

(Muhammad Ali treinando e Michael Jordan em pleno voo.)

Como a um guerreiro

O propósito do Propósito

É satisfazer um desejo humano essencial

(Pessoas queridas se abraçando.) de transformar-se e de criar asas

(Um avião da Southwest é mostrado em pleno voo.)

de desafiar a gravidade

(Um astronauta é mostrado no espaço.)

PROPÓSITO: de se esticar

(Dançarinos da Companhia de Dança Alvin Ailey com as mãos para o alto.)

de se estirar

de se inclinar em direção a algo que faz com que se sinta tão vivo

como um cão de caça com a cabeça para fora da janela do carro

(Uma imagem de Steve Jobs.)

A Apple chama isso de criatividade.

A Nike chama de potencial humano.

O Whole Foods chama de planeta.

(Imagem de um homem colhendo um vegetal do solo.)

O propósito do Propósito

é ser parte de algo maior

(um conjunto de mãos, uma maior do que a outra, superpostas.)

é restaurar

(Barack Obama discursando.)

guiar

(Uma imagem de Winston Churchill.)

inspirar

(Uma imagem do Dalai Lama, rosário nas mãos.)

é superar a necessidade de sucesso

pela de significado

PROPÓSITO S.A.

(Nelson Mandela olhando por uma janela.)
alcançando satisfação tão profunda
que só pode ser resultado do conhecimento
de que o que você faz é importante,
de que o seu trabalho
(Uma imagem de um pai girando uma criança sorridente no ar.)
(Imagens de familiares compartilhando alegria.)
PODE
E VAI
Mudar o mundo.

Como Carlisi explica, esse filme emprega "a eloquência necessária para que parem de pensar e comecem a sentir". Seu filme precisa fazer o mesmo, na sua própria voz.

O filme da sua *Master Idea* é a história visual do seu propósito. É a alma da sua empresa numa embalagem. Seu filme certamente surpreenderá se a história apresentada for relevante para sua empresa e para o mundo – e criada com palavras e imagens inesperadas. Certifique-se de haver pipoca suficiente.

Seja autêntico, *faça* coisas que demonstrem que está falando sério e *diga* isso do jeito certo. Faça isso e você terá resultados e rendas maiores. A ilustração é o momento de mostrar ao mundo sua visão forjada e esculpida dos sólidos pilares de seu *ethos*, de sua cultura e de seus valores.

Qual é o Propósito deste Capítulo?

- A ilustração da *Master Idea* cria alinhamento e comprometimento tanto interna como externamente à empresa e para todas as partes interessadas.
- A ativação é um trabalho de dentro para fora. Comece com o *Ser*, depois o *Fazer*, e finalmente o *Dizer*, e não ao contrário.
- A ilustração da *Master Idea* ocorre por meio de palavras, de imagens e de música que surpreendem.

Dicas de Propósito

- Primeiro, *seja quem você é.*
- Segundo, *faça isso a cada dia e de todas as formas.*
- E terceiro, diga isso publicamente.

Você acaba de completar o Processo de Ideação dos Quatro Is para encontrar seu propósito e verificar como o sistema Ser-Fazer-Dizer ativa esse propósito. Minha esperança é que você agora tenha uma noção de sua *Master Idea*, de seus valores e da sua narrativa, para começar a contar a sua história do propósito.

É claro que se trata apenas de um panorama. Com toda probabilidade, você vai querer conversar mais com sua equipe e com seus próprios luminares. Seja paciente. O Processo de Ideação de Quatro Is da BrightHouse normalmente leva 16 semanas, e sua ativação, por meio do sistema Ser-Fazer-Dizer, é uma prática diária e contínua.

Recomendo que você organize um pequeno grupo de pessoas, em sua Propósito S.A. mesmo, dispostas a dedicar o esforço e o tempo necessários para completar cada etapa de maneira exaustiva. No final, você terá desencavado seu *ethos* e usado sua cultura para construir valores movidos por propósito e que influenciarão suas estratégias e táticas.

E o mais importante: você terá uma marca melhor, uma empresa de mais destaque e se juntará às fileiras daqueles que estão escrevendo uma nova e poderosa narrativa para os negócios.

Criando um Legado Duradouro

As empresas têm, na verdade, apenas um cliente: a sociedade.
— Joey Reiman,
sobre o futuro dos negócios

Pela primeira vez na história, as empresas estão por toda parte, colocando os negócios na posição venerável de elevar seu papel na sociedade. O compromisso dos negócios de trabalhar com mais propósito criará marcas melhores, empresas de mais destaque e legados duradouros.

Uma herança grandiosa será o resultado para empresas de significado que farão produtos melhores serem disponibilizados a um número maior de pessoas. Muitas multinacionais americanas já são maiores que alguns países e podem ajudar a fornecer capital e infraestrutura para sociedades emergentes. No entanto, como você vai ler na Parte IV, há mais de 4 bilhões de pessoas desamparadas vivendo em mercados emergentes.

Uma vanguarda de líderes de propósito e de empresas movidas por causas nobres já está fazendo algo para atingir metas nobres: erradicar a pobreza e a fome, assegurar educação primária de qualidade, promover a igualdade de gênero, reduzir a mortalidade infantil, melhorar a saúde materna, garantir a sustentabilidade ambiental e livrar o mundo de doenças.

Malcolm Gladwell, palestrante e autor de sucesso, acha que Bill Gates será lembrado e Steve Jobs será esquecido – porque o trabalho filantrópico de Gates faz dele uma anomalia no mundo empresarial.

Somente o esforço conjunto de empresas e marcas pode mitigar os males da sociedade e criar um mundo tão idílico quanto Camelot, um lugar mítico e lendário que visitaremos mais adiante.

Lembro-me do trabalho de propósito feito para a organização sem fins lucrativos United Way. O *ethos* deles conta a história de quatro líderes religiosos de diferentes denominações que se uniram para consolar e reconstruir Atlanta depois de uma tempestade de neve devastadora, um século atrás. A *Master Idea* que apreendi dessa história é: "Todos, sem exceção". E a campanha publicitária mais recente deles incorporou isso: "LIVE UNITED" ("Vivam em união"). Nesse espírito, devemos também trabalhar unidos, pois somente assim conseguiremos atingir o *porquê* por trás do propósito.

A Parte IV revela o *porquê* e leva sua história de propósito ao capítulo seguinte. Como você escolherá fazer negócios no futuro? Será "o negócio de sempre"? Ou você se juntará às fileiras dos ousados, que acreditam que a vida de um negócio deveria ajudar a melhorar o negócio da vida?

Um mundo com propósito é uma promessa hercúlea que restaurará os negócios de uma vez por todas a seu lugar e colocará o mundo de volta nos trilhos.

13

A Estrada para Camelot

Em resumo, é inimaginável
Local mais agradável
Para um Final Feliz
Que Camelot.

— Alan Jay Lerner,
compositor[1]

Como muitos sabem, Camelot é lendária. Ficou famosa por meio das lendas do século XII sobre o Rei Arthur, do compositor Alan Jay Lerner e seu musical de sucesso de 1960, e da administração do presidente John F. Kennedy, extremamente admirada e que ficou conhecida pelo mesmo nome, hoje, *Camelot* simplesmente significa um lugar e um tempo de felicidade idílicos.

No mundo dos negócios, pode ser um destino real, onde organizações de significado tanto produzem mercadorias como bem ao mundo. Empresas e marcas Camelot criam suas próprias mitologias por meio de sua benevolência e boa vontade. Essas organizações nasceram com propósitos grandiosos e acumulam o amor de seus associados, clientes, parceiros e acionistas. Muitas organizações, no entanto, ainda estão em busca de sua Camelot após terem perdido aquilo que as fazia extraordinárias quando foram criadas.

A Jornada até Camelot

Com o objetivo de identificar o propósito corporativo, a Bright-House, junto com a decana de Administração da Emory University Andrea Flershatter, criou um quadro visual contendo um eixo vertical e um horizontal por meio do qual as organizações são posicionadas e classificadas.

O caminho já trilhado nos leva ao leste, em direção à excelência operacional. Marcas de propósito trilham um novo caminho em direção à *excelência emocional* e a uma empresa de mais destaque. Organizações comprometidas com o propósito usam o gráfico apresentado na Figura 13.1 como ponto de referência para saberem onde se encontram na estrada para Camelot.

Vamos analisar os componentes dessa matriz e discutir cada um deles de forma mais detalhada.

Excelência operacional (o eixo X)

A excelência operacional normalmente é uma medida do desempenho de uma organização. É essencial possuir execução eficiente, alinhada com os imperativos estratégicos, para que a empresa sobreviva na arena corporativa. Esse eixo mapeia o retorno com relação aos recursos empregados e em comparação com os principais competidores. Como isso indica a eficácia do uso de recursos pela organização – bem como sua habilidade de entregar, de maneira consistente, valor para o consumidor –, o eixo horizontal corresponde a *excelência operacional*.

Excelência emocional (o eixo Y)

Excelência emocional é uma medida do propósito de uma empresa. Empresas em posições elevadas no eixo vertical ou "eixo y" são únicas e cheias de vida. Os associados são engajados, os ideais, valores e objetivos estão alinhados para servir a todas as partes interessadas, e a autenticidade é dominante. Em um mundo que exige cada vez mais sentido dos negócios, essa nova medida reconhece intenção nobre e contribuição como parâmetros. Por isso, o eixo vertical corresponde à *excelência emocional*.

FIGURA 13.1 A Matriz Camelot

Fonte: © BrightHouse. Ilustração de David Paprocki.

Camelot: o melhor de dois mundos

Em um mundo ideal, queremos trabalhar em Camelot. Com altos níveis tanto de excelência operacional como de *excelência emocional*, essas

196   CRIANDO UM LEGADO DURADOURO

organizações têm dois ROIs: retorno sobre investimento e retorno sobre inspiração. O propósito, na verdade, melhora a excelência operacional, uma vez que um foco mais específico cria economias de escala.

A Apple, o Google, a Starbucks, o Whole Foods Market e a GE são todas empresas Camelot. Inspiradas por propósito autêntico, essas empresas e marcas de alto desempenho são inconfundíveis em suas respectivas indústrias. Seus líderes são tão míticos quanto o Rei Arthur, e seus associados estão numa cruzada.

Trabalhar em Camelot exige bravura. Num mundo de gerentes--minuto e funcionamento 24 horas por dia, 7 dias por semana, alguém que é reflexivo, atencioso e consciente em relação ao próximo século lo frequentemente é considerado excêntrico. Quando comecei a falar com empresas sobre propósito, há quase duas décadas, as respostas eram olhares perplexos ou comentários do tipo "é interessante termos isso" ou "quando acertarmos nossos fundamentos, poderemos revisitar nosso propósito". A ironia, obviamente, é que nada é mais fundamental para colocar um negócio nos eixos do que o propósito. Ele é a fundação.

A maioria das pessoas apenas viu o lugar que denominamos Camelot de relance. A maior parte dos empregados trabalha em outros tipos de estrutura. Existem as plantations, verdadeiros bastiões da mudança lenta e gradual; os castelos nas nuvens, empresas de objetivos elevados que têm dificuldades em permanecer no alto; e as fortalezas, empresas e marcas construídas para conquistar outras a qualquer custo. Vejamos onde você está situado.

Trabalhando na Plantation ("plantação")

Esse não é um cenário muito divertido. São organizações destituídas de propósito, cujo desempenho deixa a desejar, e que não apresentam nenhum ideal a não ser o de assegurar a sobrevivência daqueles a quem foram confiados os recursos da empresa. Organizações do tipo plantation são, na melhor das hipóteses, oportunistas, e, na pior, abusivas. Essas empresas visam lucros e traçam objetivos de curto prazo, buscam o próximo negócio e um retorno rápido. Os associados não recebem mais que seus salários, os clientes estão insatisfeitos e simplesmente não há liderança.

O Castelo nas Nuvens está recrutando

Essa organização baseia-se numa fantasia. Castelos nas Nuvens são empresas movidas por uma missão, têm propósitos grandiosos, mas muito poucos sistemas, processos ou *know-how*. Deleitam nossa imaginação, mas não pagam as contas. São empresas que recrutam por meio de folclore, e, uma vez contratado, você percebe que não se trata de um conto de fadas. Muitos novos negócios começam assim, mas muitos deles também descobrem em prazo razoavelmente curto que o espírito empreendedor permite que cheguem só até certo limite, já que nenhuma empresa prospera sem competências empresariais suficientes. Organizações Castelos nas Nuvens não são autossustentáveis – e, sem dinheiro, todo o significado do mundo acaba perdendo sentido.

Portões abertos na fortaleza

Esse é um lugar *sério*. Fortalezas são empresas excepcionalmente bem administradas, mas fechadas e construídas com um propósito em vista: eficiência máxima. Governadas pelo posicionamento competitivo, e não por possibilidades ilimitadas, a eficiência operacional e a métrica do desempenho dominam a cena. Os empregados da fortaleza protegem suas fortificações como bons soldados, querem aniquilar seus concorrentes e se tornar o nº 1. O problema é que uma energia assim não é nem sustentável nem saudável; e, direcionando todas as suas flechas para a fortaleza vizinha, você se distrai da construção de Camelot.

Em qual empresa você trabalha?

Se for uma plantation, eu faria um exame de consciência – e começaria a procurar outro emprego. Se for um Castelo nas Nuvens, será necessário acrescentar habilidade à sua vontade, rigor ao seu vigor e precisão à sua paixão. Criei diversos empreendimentos de sucesso ao longo da minha carreira porque sempre tive sócios que complementavam minhas habilidades. Quando ajudei a criar o conhecido

198 CRIANDO UM LEGADO DURADOURO

restaurante de Atlanta chamado Horseradish Grill, encontrei sócios que tinham experiência prévia em gestão de restaurantes. Quando fui cocriador do conceito de fornecer uma opção de refeições *gourmet* rápidas em aeroportos, que recebeu o nome de Plane Delicious, meus sócios na empreitada eram donos do serviço de bufê mais conhecido da Geórgia. Quando ajudei a desenvolver a BOTH – both-usa.com, uma plataforma digital on-line para profissionais independentes –, meu sócio, Erik Vonk, era um líder pioneiro em serviços de alocação de pessoal.

É provável que a maioria trabalhe numa fortaleza – isso porque a fortaleza é a estrutura mais comumente encontrada no mundo empresarial Ocidental. Ela é centrada no acionista e construída para derrotar os concorrentes e gerar mais resultados. E não há nada de errado com isso – a menos, é claro, que você queira que seu negócio melhore o mundo de alguma forma. Isso não é algo que todo empresário quer? A resposta é o porquê de estarmos testemunhando a maior movimentação empresarial de todos os tempos: as empresas estão correndo em direção a Camelot.

Motivação: o que estimula sua organização?

Os quatro tipos de organização têm abordagens distintas de administração e diferem em relação àquilo que consideram mais valioso.

- **A plantation *sobrevive*.** Frequentemente vai reduzir custos e pessoal para manter seus sistemas em funcionamento – e, como se mantém em modo de sobrevivência, elimina músculo junto com a gordura. Uma vez que os empregados não têm razão de existir, frequentemente sentem que seu trabalho não tem importância. Se isso não importa, nada importa, com exceção do contracheque.
- **O Castelo nas Nuvens *sonha*.** Apesar de Steven Spielberg dizer que "sonha por profissão" e Albert Einstein ter escrito que a "imaginação é mais importante que o conhecimento", ter *know-how* é tão importante quanto saber o porquê.

- **A fortaleza *protege*.** As corporações do século passado acumulavam bens – e com razão. A geração de valor para o acionista era sua obrigação nº 1. Mas o novo modelo, que contempla todos os interessados, é maior e melhor. Embora os acionistas tenham ações de uma empresa, esses participantes são partes interessadas no mundo.

- **Camelot *faz a diferença*.** Mentes brilhantes e corações compassivos trabalham em uníssono para empresas e marcas Camelot. De acordo com Sam Palmisano, ex-CEO da IBM, "todas as empresas hoje enfrentam uma nova realidade. Operam num ambiente global em que preocupações sociais de longo prazo – em áreas que vão da diversidade à igualdade de oportunidades, do meio ambiente a políticas sobre o mercado de trabalho – foram colocadas no mesmo patamar e geram o mesmo nível de expectativa do público que práticas contábeis e desempenho financeiro".[2]

Seu pessoal: do que você é chamado?

É provável que seus associados tratem você com respeito, mas ainda assim podem chamá-lo por outro nome, o que já é outra história. O título que eles lhe dão vai influenciar a quantidade de confiança e admiração que depositam em você e na empresa.

- **Um *chefe* administra uma plantation.** Plantations são bastiões do gradualismo, administradas por chefes que se importam com muito pouco além dos lucros e são a maioria silenciosa das empresas. Muitos entes governamentais estão nessa categoria.

- **Um *guru* administra um Castelo nas Nuvens.** Castelos nas Nuvens são empresas com propósitos elevados, administradas por gurus com a cabeça nas nuvens. Infelizmente, uma obsessão com sua história somente os distrai da administração efetiva do negócio, o que ocasiona seus vacilos e padecimentos. O representante maior desse caso é a Krispy Kreme. Depois de ter se tornado queridinha tanto de Wall Street, como da Madison

200   CRIANDO UM LEGADO DURADOURO

Avenue (endereço do luxo em Nova York), a empresa expandiu rápido demais e o faturamento arrefeceu.[3]

- **Um *general* controla uma fortaleza.** As fortalezas são empresas controladas por generais. São construídas para o combate e operam sob o tema da competitividade. Cadeias de fornecimento e cadeias de comando fazem com que seja impossível que essas empresas tenham significado outro que não o de ganhar dinheiro. É aqui que uma prática Seis Sigma (prática utilizada na gestão de qualidade) enlouquecida derrota o propósito. E é assim que a maior parte da América corporativa trabalha hoje. Mas a excelência operacional simplesmente não é mais suficiente.

- **Um *herói* está à frente de Camelot.** Como os Cavaleiros da Távola Redonda, essa liderança demonstra bravura, propósito e nobreza. Heróis fazem o bem, não somente o que é certo. Buscam o que o Rei Arthur denominava de Santo Graal. Steve Jobs, da Apple, Eric Schmidt, do Google, Jeffrey Immelt, da GE e Sam Palmisano, da IBM, são todos exemplos de líderes conhecidos – e altamente respeitados – de empresas Camelot. E esses líderes não administram corporações, pura e simplesmente. O termo *Camelot* é usado com frequência para se referir, de forma reverencial, à presidência de John F. Kennedy, um homem cujo mandato muitos consideraram ter sido o mais inspirador dentre todos os líderes americanos.

Os empregados

Como os empregados desses diferentes modelos de empresa trabalham?

- **As pessoas que trabalham em plantations *trabalham duro*.** O problema é que, sem propósito, elas não sabem *pelo que* estão trabalhando. Como as plantations funcionam como máquinas, seus empregados podem se sentir como peças de uma engrenagem. E, do mesmo modo que uma máquina, todo

A Estrada para Camelot **201**

o sistema para de funcionar quando uma peça está faltando ou quebra. Eles trabalham por dinheiro, não por sentido.

- **As pessoas que trabalham em um castelo nas nuvens são aéreas.** Esses sonhadores imaginam – e com frequência criam – um mundo melhor. São pessoas para quem missão é essencial; no entanto, frequentemente estão numa missão em que não têm visão nenhuma. São ótimos colegas, mas não necessariamente sabem trabalhar bem em equipe.

- **No outro extremo desse espectro, os associados da fortaleza são fechados.** Eles não baixam a guarda, normalmente são dogmáticos e autocráticos e deixam claro que as coisas têm que ser do jeito deles. Guardam seus postos (empregos) como cães de guarda e vão proteger seus feudos, ainda que isso implique a derrota de outro colega. Os associados da fortaleza muitas vezes são inseguros, céticos e, talvez o pior de tudo, cínicos e críticos em relação às ideias dos outros – porque, se eles não ganham o dia, isso pode significar a proverbial degola de amanhã.

- **Contudo, Camelot é diferente de tudo isso. Porque você não trabalha em Camelot; você atende a um *chamado.*** Indivíduos autênticos e genuínos conduzem negócios em Camelot todos os dias. Apoiam as ideias e comemoram os sucessos uns dos outros. Tomam decisões focadas, não temerosas, e mantêm os olhos tanto no próximo trimestre como no próximo quarto de século.

Decisões: como são tomadas?

- **A portas fechadas (plantations):** uma vez que plantations funcionam sem propósito, também costumam funcionar sem colaboração. Quando apenas uns poucos líderes estão tomando as decisões, ocorre com frequência um fenômeno psicológico denominado *pensamento grupal*, no qual um grupo de pessoas que deseja a harmonia ignora uma avaliação realista de alternativas e pontos de vista. Bem-vindo à Enron, em que os principais executivos se trancaram em sua torre corporativa e convenceram um ao outro de que estavam prestes a fazer algo nobre.

- **No topo de uma montanha (Castelos nas Nuvens):** a cultura sofre em organizações centradas em líderes e não em grupos. Os líderes de castelos nas nuvens são todo-poderosos, mas, quando funcionários afirmam que pulariam de um penhasco pelo líder, provavelmente fariam isso. A gigante das comunicações WorldCom chegou a ser considerada uma grande promessa, mas seu faturamento na casa dos bilhões era uma ilusão. Tiveram de descer da montanha para dar entrada no maior pedido de falência da história dos Estados Unidos.

- **De um púlpito (fortalezas):** sermões são para os sábados e domingos, e não para dias úteis. Os líderes de fortalezas tendem a se considerar e a se promover além do título de diretor executivo, aproximando-se de figuras divinizadas. E adotam o evangelho dos negócios de acordo com isso. *Sabichões* se dariam melhor se tivessem *recursos* para escutar primeiro com seus corações antes de fazer pronunciamentos obstinados e eloquentes. É assim que os líderes fazem em Camelot.

- **Em uma mesa-redonda (Camelot):** nada é mais gratificante do que participar das decisões nos negócios. Em empresas Camelot, *o time decide*. Em um gesto pequeno, mas magistral, Palmisano, da IBM, mudou o nome de seu grupo de liderança para um "time" de liderança, mandando assim a mensagem para toda a organização de que vencer era um esporte coletivo. O Whole Foods Market fez algo parecido ao criar a Declaração de Interdependência do Whole Foods, dando direção clara a todas as partes interessadas de que deviam trabalhar como um ecossistema a fim de serem verdadeiramente bem-sucedidos.[4] A dependência mútua é o mais recente esporte coletivo.

Pensamento: qual a mentalidade predominante?

- **Pensamento mecanizado (plantations):** empresas plantation são administradas por meio da tecnologia. "O computador não me permite fazer essa alteração" é uma desculpa comumente ouvida aqui. Seja a reserva de um carro de aluguel ou a contagem de produtos, transações controladas por computador deletam a compaixão. Já é hora de dar às pessoas o poder de passar por cima da tecnologia.

- **Pensamento inovador (Castelos nas Nuvens):** sem preocupação com lucros, podemos nos tornar profetas.

  É fato que Maomé, Buda, Jesus Cristo e Moisés não eram homens de negócios, mas a visão deles inspirou as maiores marcas de todos os tempos – as religiões. Pessoas com uma missão normalmente chegam ao topo de suas respectivas indústrias, como no caso de Steve Jobs, da Apple, e Herb Kelleher, da Southwest Airlines, isso sem mencionar o homem que imaginou o mundo mais belo de todos: o cantor e compositor John Lennon.

- **Pensamento convencional (fortalezas):** a rotina afasta a possibilidade de inovação em empresas fortalezas. Se você está sendo mantido prisioneiro numa fortaleza, vai ter que escapar para fazer suas descobertas.

- **Pensamento revolucionário (Camelot):** Albert Einstein gostava do que ele chamou de "jogo combinatório", quando os dois hemisférios cerebrais "brincam" juntos. Ele escreveu que "a criatividade é a inteligência se divertindo".

  Mentes criativas apreciam perguntas, quebra-cabeças, mistérios e problemas. Não há obstáculos e Camelot é, em si, um modo de pensar. Como descreveu o compositor Alan Jay Lerner: "É verdade! É verdade! A coroa esclareceu tudo. O clima deve ser perfeito o ano todo".[5]

Olhar: como elas enxergam o mundo dos negócios?

- **De olhos fechados (plantations):** plantations são conhecidas por seu isolamento. Essas empresas têm uma visão estreita dos negócios, estão satisfeitas em atingir suas metas e não pensam além do hoje.

- **Com olhos arregalados (Castelos nas Nuvens):** ainda que cínicos, céticos e questionadores zombem deles, os líderes de

Castelos nas Nuvens enxergam os negócios como uma maneira de transformar seus sonhos em realidade.

- **Com olhos ferozes (fortalezas):** Jack Welch foi a personificação do líder de fortaleza durão, de olhos ferozes e autocrático do século passado. Ele via os negócios como um campo de batalha. Mas "Neutron Jack", como era chamado, foi de uma franqueza desconcertante ao olharmos em retrospectiva: "À primeira vista, a geração de valor para os acionistas é a ideia mais idiota do mundo", gracejou o ex-CEO da GE.[6]

- **De olhos abertos (Camelot):** empresas Camelot enxergam os negócios como parte de um sistema maior – e pelo qual assumem responsabilidade. Empresas Camelot com propósito querem estimular o movimento do mundo, não apenas um movimento no mundo. Elas colocam em prática o que chamo de *diversidade ideal,* isto é, o reconhecimento de que toda decisão tomada por uma organização afeta todas as formas de vida em nosso ecossistema.

Vantagem: qual o diferencial da organização no mercado?

- **Reativa (plantations):** plantations fazem tudo o que o mercado deseja. Sem um propósito maior, essas organizações frequentemente se tornam líderes pelo preço, com o único objetivo de oferecer mais por menos. Como resultado, criam culturas de ricochete que não conseguem sustentar em tempos difíceis.

  Incapaz de fazer suas mercadorias circularem, justamente por não conseguir acompanhar as mudanças, um gigante dos eletrônicos despediu seus empregados mais bem pagos e os substituiu por trabalhadores com salários mais baixos. Isso aconteceu na mesma época em que o CEO da empresa recebia um salário de US$ 7 milhões. As contas não fechavam e a Circuit City teve de fechar as portas.[7]

- **Etérea (Castelos nas Nuvens):** "Pense diferente" foi o começo da Apple de Steve Jobs. Enquanto todas as outras empresas de computadores estavam concentradas em aumentar a potência das máquinas, Jobs queria mais poder na mão das pessoas. John

Scully assumiu seu incipiente Castelo nas Nuvens em 1985, mas Jobs retornou à cena em 1995 e, como um herói, transformou a Apple na nossa amada empresa Camelot de hoje.

- **Competitiva (fortalezas):** empresas fortalezas estão em uma luta de vida ou morte. Esses baluartes de defesa estão sempre prontos para a briga. E é melhor se cuidar, pois querem ganhar a qualquer custo. Normalmente, isso inclui cortes de folgas e de pessoal. Com a perda de um propósito maior, tem-se uma empresa menor. Aqui, vantagem competitiva é uma contradição, uma vez que, no mercado atual, manter-se na defensiva não é suficiente.

- **Única (Camelot):** o que faz dos Estados Unidos uma marca tão única são seus valores. David Gergen, que escreve sobre a Casa Branca e é autor do perspicaz livro *Eyewitness to power* ["Testemunha ocular do poder," não publicado no Brasil], declara: "O propósito central de um presidente deve estar enraizado nos valores nucleares da nação. Eles se encontram na Declaração de Independência. Lincoln disse nunca ter expressado uma opinião política que não brotasse disso. É nossa visão comum".[8] Marcas Camelot cultivadas desde suas origens distintas criam culturas únicas. São, pois, indispensáveis no mercado.

Para quem essas empresas são criadas?

Qual é o resultado? (Ver Figura 13.2.)

- **Plantations são construídas para os proprietários.** Empresas e marcas construídas para seus proprietários nos levam a uma época, há cerca de cem anos, em que marcávamos o gado para garantir que nossos vizinhos soubessem que "isto me pertence".

- **Castelos nas Nuvens são criados para empregados e clientes.** As melhores culturas têm origens elevadas. Com ideias sublimes, mas sem competência operacional, sua empresa não alçará voo. Mesmo que você tenha a próxima ideia revolucionária, se ela não for concretizada, não terá valor nenhum.

- **Fortalezas são construídas para os acionistas.** Essas corporações monolíticas têm um objetivo: amealhar o máximo de riqueza possível para os reis de Wall Street – os acionistas. Peça qualquer coisa a mais e certamente fecharão os portões.
- **Empresas Camelot são erguidas para todos – não somente para seus acionistas, mas para todos os interessados.** "Quanto maior a empresa, maior o imperativo moral para assumir a responsabilidade sobre seu impacto multifacetado no mundo", escreve Jag Sheth, autor de *Os segredos das empresas mais queridas*.[9]

FIGURA 13.2 Matriz de Camelot Detalhada

	PLANTATION	CASTELO	FORTALEZA	CAMELOT
SEU TÍTULO	Chefe	Guru	General	Herói
SUA MOTIVAÇÃO	Sobreviver	Sonhar	Proteger	Fazer a diferênça
SEUS EMPREGADOS	Ambivalentes	Aéreos	Misteriosos	Autênticos
SUAS DECISÕES	Atrás de portas fechadas	No topo de uma montanha	A partir de um púlpito	Numa mesa-redonda
SEU MODO DE PENSAR	Mecanizado	Inovador	Convencional	Revolucionário
COMO VÊ O MUNDO	De olhos fechados	Com os olhos arregalados	Com olhos ferozes	De olhos abertos
SUA VANTAGEM	Reativa	Etérea	Competitiva	Única
SEUS SONHOS	Crescimento e aquisição	Ideais	Processos	Alinhamento
SEUS PARTICIPANTES	Fundadores e administradores	Empregados e clientes	Acionistas	Todos

Fonte: © BrightHouse. Ilustrações de David Paprocki.

Questões para a Jornada

Os clientes da BrightHouse que se esforçam para se tornar empresas Camelot frequentemente querem saber em que ponto da jornada se encontram. Para determinar onde a sua marca está posicionada, comece com estas questões. Para ajudá-lo a estabelecer sua localização exata, responda às perguntas pensando em sua organização.

1. Você compreende os sentimentos dos fundadores que fizeram com que sua organização prosperasse no início de sua história?
2. Você consegue articular valores organizacionais significativos que são compartilhados e vividos por todos (sem conferir seu manual do funcionário)?
3. Você se sente inspirado a ir trabalhar a cada manhã?
4. Sua organização deixa as comunidades com as quais interage em melhor situação do que ao encontrá-las?
5. Você cria algo mais importante que produtos e serviços?
6. O líder da sua empresa é um dos seus heróis?
7. Você lucra de um modo consistente com seu propósito? E trabalhar por esse propósito permite que você tenha lucros?
8. A sua organização compromete-se plenamente com a posição que toma?
9. As pessoas se importam mais em fazer um bom trabalho do que simplesmente em terminar o trabalho de qualquer jeito?
10. Sua empresa está engajada em processos contínuos de aprendizagem?
11. Sua organização encontra-se em uma trajetória para ser melhor amanhã do que ela é hoje?

Atendendo ao Chamado

De modo a descobrir a localização exata de sua marca, coloque-a no centro da matriz da Figura 13.3. Primeiro mova-a verticalmente, então na diagonal, e depois horizontalmente. A amplitude de cada movimento deve ser baseada na intensidade de seus sentimentos em relação ao que foi respondido nas questões anteriores. Para a maior parte das questões, você provavelmente só vai mover sua marca um espaço, mas se o sentimento com relação à resposta for intenso, mova dois, ou até mesmo três espaços.

As *questões 1 a 4* são os componentes fundamentais da *Master Idea*. Mova um espaço para cima a cada resposta "sim" e um espaço para baixo a cada resposta "não".

As *questões 5 a 8* são mais complexas. Elas mensuram o alinhamento entre a *Master Idea* e sua execução. Questionam se a empresa não somente se esforça para atingir um propósito único, autêntico e significativo, mas também se consegue fazer isso de um modo eficaz, inspirador e receptivo para com todos os interessados. Mova sua marca na diagonal para cima e para a esquerda a cada resposta afirmativa e na diagonal para baixo e para a esquerda a cada resposta negativa.

As *questões 9 a 11* mensuram a excelência na execução. Embora tenhamos demonstrado que essa é uma posição insustentável, muitas organizações são extremamente eficazes no curto prazo, mesmo na ausência de um propósito abrangente e mais elevado. Para cada uma dessas questões, a cada "sim" você deve mover sua marca para a direita, e a cada "não", deve movê-la para a esquerda.

Essas questões, de uma maneira muito ampla, têm o objetivo de servir como plataforma para expor dilemas específicos que se relacionam diretamente com sua organização e sua indústria. É o começo imperfeito de um nascente escrutínio mais profundo. O objetivo é reformular seu negócio sob uma luz nova e mais brilhante.

A Estrada para Camelot

FIGURA 13.3 Exercício – Quadrado de Camelot

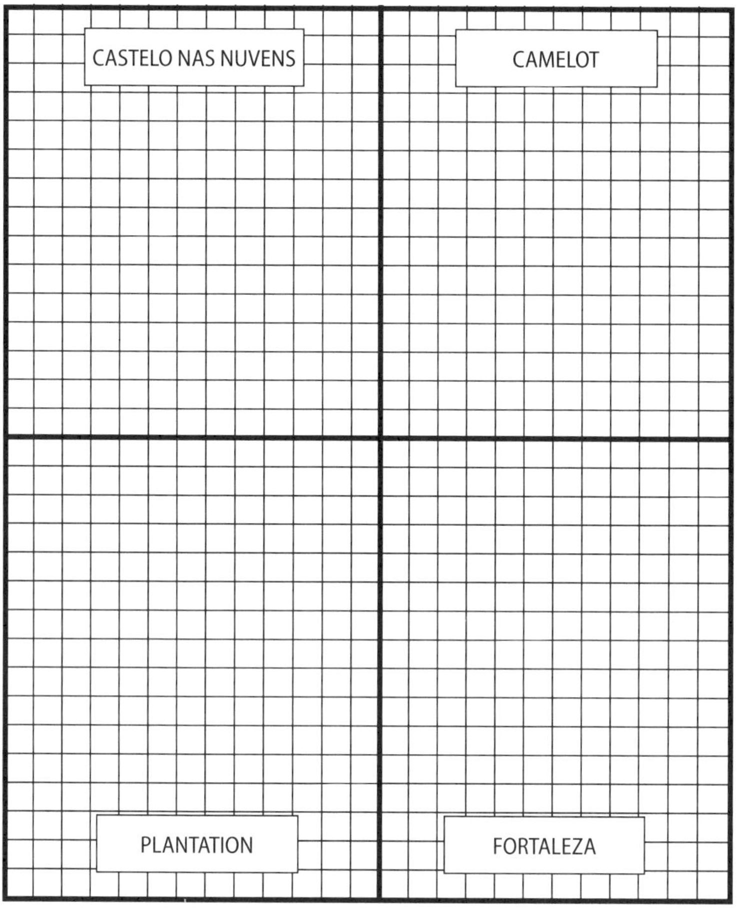

CASTELO NAS NUVENS

CAMELOT

PLANTATION

FORTALEZA

Fonte: © BrightHouse. Ilustrações de David Paprocki.

Um Instante Breve e Luminoso

Camelot é mais uma jornada que um lugar. É um lembrete do que as empresas podem ser, fazer e dizer em benefício da sociedade. Todas as empresas, de alguma forma, estão numa jornada para Camelot. Uma vez que ouvem o chamado, as organizações passam a se reinventar para que suas marcas sejam melhores e suas empresas tenham mais destaque. E, uma vez que iniciam a jornada, nunca mais serão as mesmas. A promoção, o alinhamento e o faturamento aumentam de forma expressiva.

Jeff Bezos, CEO da Amazon, diz a seus empregados que "trabalhem duro, divirtam-se e façam história".[10] São milhares de empregados em uma missão, milhões de consumidores felizes e bilhões em receita, que fazem da empresa de Bezos o lugar agradável, que chamamos de Camelot.

Por meio da paixão, do compartilhar de histórias e da constância de propósito, sua empresa pode sustentar o ideal de Camelot. Novamente a letra da música de Lerner traz uma lição: "Não deixe que esqueçam que certa vez existiu, por um instante breve e luminoso, um lugar chamado Camelot".[11]

Qual é o Propósito deste Capítulo?

- Camelot é real.
- Empresas Camelot são únicas, portanto, são indispensáveis.
- A excelência operacional e a *excelência emocional* combinadas resultam em ROI: retorno sobre investimento e retorno sobre inspiração.

Dicas de Propósito

- Faça o teste de Camelot neste capítulo.
- As pessoas não trabalham em Camelot; atendem a um chamado.
- Quem você levará em sua jornada a Camelot?

14

Um Mundo com Propósito

O propósito é uma força tão poderosa quanto a da gravidade,
mas, em vez de atrair para baixo, impulsiona adiante.

— Joey Reiman,
sobre a ciência do propósito

Ela tinha somente 17 anos quando foi convidada para dançar numa apresentação no Apollo Theatre, no Harlem, com ingressos esgotados e casa cheia. Com a elegância e o equilíbrio de anos de apresentações, fez uma prece e pisou no palco. Intimidada, no entanto, pelos dançarinos que haviam se apresentado antes, e diante de uma multidão atônita, decidiu cantar.

Ella Fitzgerald trouxe a casa abaixo, ganhou US$ 25 e mudou para sempre o mundo da música.[1] Essa é uma história sobre propósito. Quando Fitzgerald reconheceu seu verdadeiro talento na vida, passou a viver seu propósito. Não era o que tinha se proposto a fazer originalmente, mas era o que precisava fazer.

Há cinquenta anos, John Fitzgerald Kennedy desafiou a nação a mandar um homem à Lua. Ao fazer isso, trouxe de volta o *ethos* americano de forjar novas fronteiras. Para os colonizadores, a direção a seguir era para oeste. Para o presidente Kennedy, era para o norte – em direção às estrelas.

Em visita à NASA, Kennedy realizou um *tour* durante o qual conheceu um faxineiro, a quem perguntou: "O que o senhor faz aqui"? O faxineiro respondeu: "Senhor presidente, estou ajudando a colocar um homem na Lua". Ele podia estar varrendo o chão, mas era parte de algo imenso como a Lua.

Essas são verdadeiras histórias de propósito. Seja você o presidente dos Estados Unidos ou um faxineiro, o propósito eleva e liberta a todos. Imagine sua empresa repleta de Ella Fitzgeralds ou administrada por John Fitzgerald Kennedy. Você conhece, no trabalho, alguém tão orgulhoso como aquele faxineiro? Você faz parte de uma equipe prestes a realizar algo nunca antes alcançado?

Se vamos viver e trabalhar em um mundo com propósito, temos de nos perguntar: "Qual é meu propósito"?

O exercício simples, a seguir, poderá ajudá-lo a descobrir isso.

Ensino o conceito de propósito na Goizueta School of Business da Emory University há mais de uma década. A cada semestre, pergunto a uma sala cheia de graduandos e pós-graduandos de administração de empresas o que pretendem fazer ao concluírem seus estudos. Como se pode imaginar, as respostas variam de trabalhar em bancos de investimentos a conseguir emprego em empresas de consultoria proeminentes como o Boston Consulting Group. Faço uma lista dessas aspirações todas no quadro-negro.

Então, faço um cheque do Banco dos Sonhos, no valor de US$ 25 milhões, para cada um deles. Peço a eles que ignorem o fato de o dinheiro não ser de verdade e, puxando outro quadro deslizante sobre o primeiro, pergunto a eles sobre seus sonhos.

Os mesmos estudantes de administração formulam respostas completamente diferentes. Elas vão desde se tornar jogador de golfe profissional, abrir uma escola no Sri Lanka, a estabelecer um centro de reabilitação no Havaí para ajudar viciados a se recuperarem ensinando-os a surfar.

Livres das inspirações financeiras – um objetivo estabelecido pela família, pelos colegas e por muitos professores –, falamos de seus reais sonhos para um mundo melhor, servindo pessoas hoje e gerações que estão por vir.

Peço que os cerca de 70 estudantes peguem seus celulares e tirem uma foto de seus sonhos. Esse é seu instantâneo de um mundo com propósito. Ao final da aula, puxo as aspirações anotadas no primeiro quadro e sobreponho-as ao segundo, com os sonhos, lembrando os alunos de que, independentemente do que fizessem de suas vidas, o conteúdo do quadro de trás deveria impulsionar o da frente – assim como a *Master Idea* de uma empresa deveria ser o motor dos negócios dela.

Nesta nova era dos negócios e do marketing, as melhores marcas serão construídas *com propósito* – baseadas em verdades humanas fundamentais, no bem universal, em convicções profundas que sobrevivem a campanhas, abrem mentes, aprofundam relacionamentos e fazem participações crescerem, tanto nos lucros como entre as pessoas.

A Revolução Industrial foi feita com as mãos, e a Revolução Tecnológica, com as mentes. O próximo movimento, a Revolução Humana, será forjado com o coração. Essa mudança vai requerer que engajemos nosso espírito, libertemos nossa criatividade e deixemos nossa paixão pessoal ter curso livre.

Uma vez que cada um de nós está aqui com propósito, já temos o que é necessário. Agora precisamos trabalhar com isso, e fazê-lo com propósito. Este livro é somente uma caixa de ferramentas. Você é o construtor. Um grande amigo e presidente do Newell Rubbermaid Professional Group, Bill Burke, me escreveu numa carta, que está emoldurada na sala de reuniões Aristóteles da BrightHouse: "Reflita profundamente, aja com alma e vença com significado". Quando fizer isso, seu legado duradouro estará garantido.

Um Conto de Fadas Moderno para as Empresas

O *cartoon* de Roz Chast intitulado "Story Template" (da Introdução) é também uma ótima maneira de pensar sobre nossa história. Os negócios foram uma ótima ideia, mas saíram dos trilhos. Felizmente, o propósito colocou os negócios de volta nos trilhos, e agora, quando meu filho Alden me diz que quer ser empresário, sorrio, pois não há melhor lugar para se mudar o mundo.

214   CRIANDO UM LEGADO DURADOURO

Era Uma Vez

Muito tempo atrás, no século XIX, houve uma grande ideia chamada *negócio*, que transformou uma terra de fazendas e pequenas lojas numa Revolução Industrial. Homens enriqueceram, movidos pela locomotiva do poder. Três deles – J. P. Morgan, Andrew Carnegie e John D. Rockefeller – queriam ser os mais ricos, o que conseguiram por meio de outra grande ideia denominada *capitalismo*.

No entanto, ao contrário de outra ideia, chamada *democracia*, que é baseada na igualdade, o capitalismo apostava na desigualdade. Em suma, ser maior era ser melhor. Mas espere aí... e quanto ao ensaio do famoso economista Adam Smith publicado em 1776, intitulado *A riqueza das nações?* Afinal de contas, não era chamado de a riqueza dos indivíduos. De forma sucinta, ele argumentava que os benefícios do livre mercado deveriam ser direcionados à *sociedade,* e que o homem médio deveria ser o principal beneficiário de uma nação rica.

O governo americano tinha a resposta, dada em 1913 por meio do Federal Reserve Act, que estabeleceu um banco central para supervisionar a política monetária e tirou o suprimento de divisas da nação dos bolsos dos magnatas do dinheiro.[2] Uau, agora *todos* – e não somente os barões dos negócios – poderiam enriquecer. Como declarou o presidente Calvin Coolidge nos anos 1920: "Afinal de contas, o negócio principal do povo americano são os negócios".[3]

De Repente

Mais devagar, Calvin. Em 1929, a Grande Depressão deixou 13 milhões de pessoas sem trabalho, e o presidente Franklin Roosevelt disse: "A medida da restauração está na extensão com que aplicamos valores sociais e propósito mais nobres que o mero lucro". Quando deixou a presidência, o país estava em considerável boa forma – com exceção, é claro, da Guerra Mundial sendo travada entre algumas das nações mais poderosas do mundo.[4]

Nos cinquenta anos seguintes, o capitalismo cedeu espaço para outra grande ideia, chamada de *América corporativa.* Nesse mundo, os negócios geram valor para os acionistas, ainda que à custa dos recursos humanos e naturais. É claro que pagamos um preço por isso. Muitas das estruturas de que dependíamos, como a seguridade social e as aposentadorias, praticamente desapareceram. Em 2008, as pessoas estavam sem trabalho, sem dinheiro e estavam perdendo a cabeça. Economias mundiais enfrentavam a falência, o *Homo sapiens* havia se tornado o *Homo consumens*, buscando a felicidade em coisas, e a vida estava em status "alerta laranja". Quanto ao meio ambiente, não podíamos jogar coisas fora porque "fora" não existia mais. E isso nos traz aos dias de hoje.

No Momento Certo

As empresas descobriram a maior ideia de todas: o propósito. Uma marca depois da outra reconhecia que o significado importava para seus clientes – e que as empresas poderiam ser o personagem principal para melhorar a história da humanidade. O espírito empresarial redefiniu outra ideia, a de progresso. Não se trata mais de simplesmente progredir, mas de ter coração. As empresas e suas lideranças querem salvar o mundo.

Embora muitos líderes empresariais, como Thomas Watson, da IBM, Milton Hershey, da Hershey's, e Henri Nestlé, da Nestlé, tenham tido um senso de propósito no passado, a presente era foi a primeira na história em que houve uma expansão da órbita dos negócios para além da preocupação com os acionistas – alcançando o mundo todo.

Felizes para Sempre

Líderes empresariais tomarão a frente de seus exércitos para enfrentar não uns aos outros, como fizeram anteriormente, mas para combater os males do mundo. Os profissionais do marketing trarão significado para seus produtos e serviços. Recursos Humanos tornar-se-ão recursos para humanos, e a estratégia passará de um plano para que alguém perca a um processo por meio do qual *todos vençam*. E em vez de nos tornarmos qualquer coisa que o mercado quer que sejamos,

CRIANDO UM LEGADO DURADOURO

procuraremos o fogo instrutivo que podemos encontrar na origem de cada um de nós.

Como aprendemos com as empresas e marcas lideradas com propósito, os negócios podem criar uma presença positiva no mundo. Sendo heroínas na maior história, a da vida, as empresas podem revitalizar setores da saúde, da educação, da igualdade e da sustentabilidade.

Qual Golias *Sua* Empresa Vai Derrotar?

Em setembro de 2000, 189 líderes mundiais reuniram-se na Sede das Nações Unidas em Nova York para adotar a Declaração do Milênio das Nações Unidas.[5] O documento estabelecia o compromisso, entre as nações envolvidas, de uma nova parceria global para reduzir e mitigar os males do mundo. Os Objetivos de Desenvolvimento do Milênio (ODMs) são:[6]

1. Erradicar a extrema pobreza e a fome.
2. Atingir o ensino básico universal.
3. Promover a igualdade entre sexos e a valorização das mulheres.
4. Reduzir a mortalidade infantil.
5. Melhorar a saúde das gestantes.
6. Combater a AIDS, a malária e outras doenças.
7. Garantir a sustentabilidade ambiental.
8. Estabelecer uma parceria mundial para o desenvolvimento.

Qual desses Golias está mais de acordo com sua empresa e seu propósito? Qual deles a sua empresa ou a sua marca se interessa em atacar?

Podemos derrotar esses e outros Golias sendo campeões da diversidade, benfeitores das artes, protetores do meio ambiente, defensores dos direitos humanos e dos direitos civis, promotores da saúde do indivíduo e da saúde pública, provedores dos pobres e famintos, fortalecedores da autoestima, defensores dos direitos e da proteção dos animais – qualquer que seja nossa causa ou propósito único, isso nos permite colaborar de maneira singular.

Como Deixar uma Marca no Universo

Os ODMs não somente exigiam mudança social, mas estabeleciam um prazo para que acontecessem: 2015. E, embora nós certamente não sejamos capazes de consertar todos os problemas do mundo nos próximos anos, empresas podem fazer o que Steve Jobs chamou de uma "marca no universo" – e dar pelo menos os primeiros passos em direção a isso.

A Procter & Gamble (P&G), por exemplo, enxergou os ODMs como uma motivação para fazer mais. Aproveitou as oportunidades que os objetivos do milênio apresentavam e partiu dos pontos fortes já inerentes ao *ethos* da P&G de melhorar vidas todos os dias. Em 2004, a P&G refinou seu sistema de purificação de água, o Pur, partindo para empreitadas globais. Por seus esforços e pelo apoio aos ODMs, a P&G foi reconhecida com o prêmio World Business Award, organizado pela Câmara Internacional de Comércio (ICC) e pelo Programa das Nações Unidas para o Desenvolvimento (PNUD). E continua a usar seus talentos únicos para catalisar impacto social de forma autêntica e com fervor, enquanto segue sempre adiante.[7]

A Nestlé também fez dos ODMs sua missão. A partir do caráter fundador da organização, de seu *ethos* de uma boa alimentação para uma vida melhor, cultiva desenvolvimento sustentável por meio de uma dezena de programas em mais de 30 países – as iniciativas variam do apoio a produtores de leite ao desenvolvimento de uma cultura de café na China. Alinhada com seus objetivos, uma Nestlé em expansão está ajudando o mundo a crescer. Por cultivar esse crescimento global e para reconhecer os programas da Nestlé na China, a empresa recebeu o World Business Award de 2012.[8]

Em 2010, uma cúpula das Nações Unidas foi realizada e, por três dias, revisou os objetivos mais uma vez. A reunião resultou na promessa de mais de US$ 40 bilhões em recursos oriundos de "governos, do setor privado, de fundações, de organizações internacionais, da sociedade civil e de organizações de pesquisa" para avançar ainda mais nas questões da saúde materna e infantil.[9]

Unidos pelo Propósito

Empresas e nações juntas deram um enorme passo em áreas como alívio da pobreza extrema, diminuição da mortalidade infantil e melhoria do acesso à água. No entanto, o Objetivo de Desenvolvimento do Milênio de reduzir o número de pessoas sem acesso a saneamento básico está ficando para trás. Existem muito mais Golias por aí, incluindo a desigualdade entre os sexos, a fome e a existência de favelas urbanas.

A boa notícia é que há empresas e líderes empresariais trabalhando para mudar esse cenário todos os dias. De acordo com o diretor executivo da American Standard, Jay Gould, "o saneamento é o pré-requisito mais importante para a saúde e a qualidade de vida. Sem sistemas de saneamento que funcionem, há proliferação de doenças, a própria dignidade humana sofre um atentado, e o número de mortes sobe". Ainda assim, 2,5 bilhões de pessoas convivem com instalações sanitárias precárias. Quem seria mais indicado para "elevar o padrão" (*Master Idea* da American Standard) nos quatro cantos do mundo que a American Standard?

Jay continua dizendo: "Sabemos pelo nosso trabalho com a Fundação Gates, por meio de dados disponibilizados pelos Centros de Controle e Prevenção de Doenças e pela nossa própria pesquisa que mais de 2 mil crianças morrem diariamente em consequência de diarreia". A American Standard pode e vai fazer a diferença ao fornecer uma plataforma para que os consumidores americanos que estejam dispostos a tomar uma posição juntem-se à marca.

As Nações Unidas continuam a marchar por um propósito comum; felizmente, não estão sós. Organizações como a Organização Mundial da Saúde e o Unicef trabalham com empresas como o Banco Itaú para apoiar os ODMs, assim como com outras organizações que trilham seus próprios caminhos em direção ao chamado global para a ação.

Comerciantes como Curadores

Fui introduzido a esse termo inspirador em 2007, por meio do livro *Os segredos das empresas mais queridas*, do meu caro colega Jag Sheth, e desde então venho pensando em como colocar isso em prática. Os Estados Unidos vão gastar mais de US$ 350 bilhões neste ano para vender mais de 150 mil produtos a 300 milhões de americanos aflitos. Obesidade, doenças cardíacas e nosso século sedentário levaram-nos aos consultórios médicos.

O movimento crescente pelo anticonsumismo e por um marketing com mais propósito criou outra frutífera interseção para o novo papel do marketing em um mundo carente. Pode não ser uma cura total; no entanto, é um passo para ajudar os Estados Unidos a recuperarem a saúde – e isso também eleva o papel da indústria do marketing nesse processo.

Aqui está a ideia que impulsiona as empresas a serem curadoras em lugar de vendedoras. A Alliance to Make US Healthiest (Aliança para tornar os EUA mais saudáveis) é um esforço de base para fazer com que os Estados Unidos sejam novamente uma das nações mais saudáveis. A BrightHouse sugeriu que 0,1% da verba de marketing seja usada para transformar vendedores em cuidadores também. Funciona da seguinte maneira: a indústria do marketing gasta US$ 250 bilhões por ano. Se separássemos 0,1%, US$ 250 milhões poderiam ser gastos para ajudar os Estados Unidos por meio do apoio a programas como a Alliance to Make US Healthiest.[10]

A Teoria Unificada do Propósito

Propósito começou no início. O *big bang* colocou uma força com propósito em movimento que nunca foi interrompida – e, de acordo com físicos, nunca será. O universo em contínua expansão deu origem às estrelas, aos planetas, a você e a mim. Uma vez que somos contribuições a esse propósito, não é de admirar que nossos próprios corpos tenham um propósito celular próprio: crescer e estabelecer ligação uns com os outros.

"O propósito existe em cada partícula e em cada célula, composto, massa e forma de energia no cosmo. O princípio antrópico chegou a considerar seriamente que o próprio universo tem um propósito", escreveu Corey Keyes, professor da Emory University.[11]

O propósito é, então, um sistema teórico que nós, seres humanos, criamos para criar sentido? Ou o propósito é simplesmente uma parte intrínseca de nossa existência, como a gravidade? Se for o primeiro caso – e o propósito for criação humana –, então representa um constructo hipotético. Isso significa que haverá dúvida em relação a ele, porque seres humanos foram responsáveis pela construção do modelo. No entanto, se o propósito é intrínseco – se existe porque sempre existiu –, é uma variável interveniente que ninguém precisa provar.

Estruturas hipotéticas são feitas pelo homem e, consequentemente, também podem ser desfeitas por ele. Isso não é verdade, no entanto, quando se trata de algo inato. Aqui, a força é revelada, e a reconhecemos como implícita. Então, o que você acha? O propósito é uma construção criada para encontrar significado ou um poder intrínseco, como a gravidade? Para entender melhor o poder elementar do propósito e sua natureza unificadora, olhamos mais de perto a própria natureza.

O Melhor Modelo de Negócios na Terra

Se você quer ver como um negócio perfeito é administrado, jogue fora tudo que aprendeu na faculdade de administração e olhe pela janela. A Terra está no negócio há 3,8 bilhões de anos tendo por base um modelo altamente sustentável e adaptável e um propósito relativamente simples: sustentar a vida.

Mas a humanidade tentou subjugar a Terra. Em menos de cem anos, destruímos bilhões de anos de delicado equilíbrio ao tentar redesenhar o modo pelo qual a natureza funciona. Fizemos o mesmo com os negócios. O que começou como uma ideia para dar suporte à vida tornou-se um jogo que a ameaça.

A Terra estabeleceu um modelo para as organizações. Construiu espécies distintas que trabalham de modo interdependente. E se aplicássemos essas lentes a nossas empresas e marcas? E se os produtos e serviços que vendemos encorajassem as pessoas a trabalharem *melhor* juntas?

Como a natureza, a união é viva e visa a procriação. É um novo (velho) e diferente constructo em que compradores e vendedores são responsáveis; as duas partes se tornam íntimas e unem-se em algo maior que suas partes.

O propósito não é limitado a um único objetivo, como vencer, mas é voltado a energizar todos em seu caminho. Seja lá como denominamos os recursos, de naturais ou humanos, agimos até aqui como se estivessem disponíveis para quem quisesse. E tomamos posse deles.

Uma vez que compreendemos que somos parte de algo maior, vemos que a natureza, e nosso planeta, estão repletos de lições para conduzirmos os negócios de uma maneira lucrativa e sustentável. A ideia é a base de um movimento chamado biomimetismo, do grego *bios*, que significa "vida",[12] e *mimesis*, que significa "imitação".[13] Esse movimento promete uma mistura de Terra e valor. A natureza pode servir como modelo, como medida e como mentora para os negócios, afirma a bióloga Janine Benyus, uma das líderes do movimento e autora de *Biomimética: inovação inspirada pela natureza* (Cultrix, 2003).

Em seu livro, ela resume a ideia do biomimetismo como uma ferramenta de busca de soluções. Discute ainda a vasta gama de problemas ou desafios de *design* que estamos tentando resolver e como deveríamos nos perguntar de que maneira a natureza faria isso, visto que vem fazendo isso há milhões de anos e provavelmente já encontrou a resposta.

O Propósito Restaura

Por que levou tanto tempo para que os negócios reconhecessem e aproveitassem o poder do propósito? Talvez tivéssemos a ideia errada de empresa desde o início. Não deveriam ter como objetivo vender, mas transformar. O mundo está faminto por alimento, segurança e significado. As empresas têm o poder de restaurar todo o lugar em que vivemos. A questão é de *unidade* – e o propósito unifica tudo. As empresas são o mensageiro capaz de entregar a mensagem.

O *porquê* por trás do propósito é o conceito de união. Guerras religiosas, política partidária, divisas econômicas e a batalha entre dinheiro e significado estão nos segmentando entre os que têm e os que não têm. No entanto, uma vez que o propósito seja adotado, serão estabelecidos limites para a expansão desenfreada de autoridade centralizada.

A separação vai nos esfacelar. A união é a esperança. E podemos nos unir por uma nova era nos negócios.

As empresas enfrentam uma bifurcação na estrada. Um caminho é o da exploração: as pessoas competem umas com as outras e ficam esgotadas na busca do lucro. Essa exploração leva à desumanização e, por fim, à aniquilação. Pense nisso. Competidores só ficam felizes quando são eles os únicos a restarem ao final.

O outro caminho, sem sinal de uso e convidativo, é o do propósito. As pessoas usam os lucros para melhorar suas vidas e as dos outros. Essa humanização leva-nos à qualidade do coletivo denominada união, em que o mundo é verdadeiramente um.

A escolha é nossa. Ou apenas um negócio sobrevive no mundo ou o mundo todo, e todos prosperam. Sua história de propósito ajudará a determinar o resultado.

Qual é o Propósito deste Capítulo?

- As melhores empresas e marcas são construídas com propósito – sobre uma verdade humana fundamental, um bem universal, uma convicção profunda que abre as mentes, aprofunda relacionamentos, sobrevive a campanhas, fazendo tanto as pessoas como os lucros crescerem.

- O propósito é uma força poderosa que se faz presente desde o início do mundo. É nossa responsabilidade, como empresários, aproveitar isso para engajar nossa alma, libertar nossa criatividade e desencadear nossa paixão pessoal e nossa compaixão pelos outros.

- A competição feroz não é sustentável. A compaixão é. Nas décadas que estão por vir, as empresas vão se concentrar no negócio da vida e trabalharão para o maior cliente de todos: a humanidade.

Dicas de Propósito

- O propósito unifica.
- O propósito é uma força da natureza, e veio para ficar.
- Se você devolver a humanidade aos negócios, os negócios retribuirão com força total.

Epílogo

O propósito coletivo é nossa salvação

O melhor final é também um novo começo.

— Joey Reiman,
sobre o futuro dos negócios

Imagine um mundo do jeito que deveria ser. Como seu antecessor, o Universo, teria expansão e contribuição constantes. A vida seria mais plena, as pessoas seriam mais felizes e nosso planeta prosperaria. Nossa civilização teria alcançado um propósito mais elevado de forma conjunta se tivesse cuidado de nosso mundo.

Ao contrário, estamos num ponto crítico. Terrorismo, economia cambaleante, problemas climáticos e uma crise de significado criaram um mundo que está se consumindo. E que pergunta a humanidade faz agora que o mundo está em chamas?

É a mesma pergunta que as pessoas vêm se fazendo desde que podem grunhir: "Por quê?".

Se pudéssemos começar de novo, seria aqui que começaríamos – perguntando "por quê?" ou "Com que propósito?". Em certo sentido, o mero ato de perguntar fornece a resposta, porque a questão do porquê se torna a busca do *como*.

Este não é um livro com um final, mas um que instiga um começo. Muitos autores escrevem livros sobre os temas mais variados. Muitos tentam levar seu texto a um final definitivo. Este livro foge desse modelo; minha intenção não é colocar um ponto final, mas gerar extensões e aplicações variadas para o trabalho sobre propósito.

226 PROPÓSITO

Aqui está o como.

Quando vivemos e trabalhamos com propósito, temos a capacidade de afetar positivamente a sociedade e todos os sistemas que a sustentam: saúde, comércio e governo. A saúde com propósito permite à humanidade uma vida melhor. O comércio com propósito faz surgir um trabalho mais frutífero. E o governo com propósito garante leis para benefício mútuo.

Coletivamente, esses domínios do propósito criam a presença do positivo no mundo. Em um sentido superior, o propósito coletivo é nossa salvação.

Seguindo em Frente

Propósito é um livro sobre seguir em frente. Sem propósito, não temos direção. Com propósito nós temos nossas instruções.

O propósito impulsiona tudo que fazemos. Transforma perguntas em ações, ideias em fatos e empregos em vocações. O propósito é emoção em movimento, fé à enésima potência, e a razão para marchar ao trabalho pela manhã. Uma vez encontrado, sua força é incomparável.

Uma vez que nós, seres humanos, somos criaturas que buscam sentido, a maior parte das pessoas sabe que *precisa* de propósito. Mas o fato é que empresas também precisam de propósito. E as que encontraram um propósito maior que o lucro tornaram-se as organizações mais lucrativas da Terra – porque trabalham na companhia de algo maior.

Foi por isso que criei um dia chamado Quatro de Março, um dia para marchar em busca de seu propósito, em busca de algo maior.

Declarar seu propósito não é um feito menor. Às vezes requer um ato do Congresso.

Em 4 de março de 1789 a Constituição dos Estados Unidos entrou em vigor. Também costumava ser o dia em que os presidentes dos Estados Unidos tomavam posse.[1]

No ano em que inaugurei meu escritório, dei folga ao pessoal no dia 4 de março. Não era só uma questão de ter um dia de folga, mas de aproveitar o dia. Alguns de meus colegas foram trabalhar e desenvolveram

Epílogo

ideias revolucionárias. Outros foram fazer paraquedismo ou frequentar aulas de culinária. Um foi participar da construção de um hospital na Guatemala, outro ficou noivo e um terceiro tomou uma decisão essencial à vida humana. O que todos tinham em comum era o fato de se decidirem a viver uma vida com mais propósito a partir dali.

A data de 4 de março também desempenhou papel importante para que este livro fosse escrito, uma vez que foi nesse dia, em 1957, que o índice da bolsa de valores S&P 500 surgiu – e a história do propósito começou.

Esse índice é considerado o termômetro da economia americana. Hoje, as empresas usam o S&P 500 como parâmetro do sucesso financeiro. Mas, como você aprendeu por meio deste livro, há uma nova medida na praça: o propósito. Empresas movidas a propósito têm um desempenho superior às empresas do S&P 500, vantagem que chega a 1.025%.[2]

É por isso que o propósito é a história que os negócios não conseguem deixar de ler. E é por isso que as melhores empresas do mundo estão seguindo em frente com ele. Toda empresa tem uma história. Qual é a sua?

Notas

Introdução

1. http://www.ted.com/talks/brene_brown_on_vulnerability.html.
2. KEYES, Corey. "Authentic Purpose: The Spiritual Infrastructure of Life", *Journal of Management, Spirituality & Religion*, v. 8, n. 4, dez. 2011. Reimpresso com permissão de Taylor & Francis, LTD.

Capítulo 1 – O Propósito do Trabalho é Trabalhar pelo Propósito

1. http://money.cnn.com/magazines/fortune/fortune500_archive/full/195 5/index.html.
2. http://www.nytimes.com/2011/09/04/opinion/sunday/do-happier- people-work-harder.html.
3. Etimologia latina de *vocação*, http://www.etymonline.com/index.php?allowed_in_frame=0&search=vocation&searchmode=none.
4. Adaptação de Brian Selznick, *A invenção de Hugo Cabret* (New York: Scholastic Inc./Scholastic Press, 2007). Copyright © 2007, Brian Selznick. Uso autorizado.

Capítulo – 2 Liderança Inspirada por Propósito

1. Significado latino de *motivo*, http://www.etymonline.com/index.php?allowed_in_frame=O&search=motive&searchmode=none.

230 PROPÓSITO

2. Albert Einstein, *Albert Einstein, The Human Side*, ed. Helen Dukas and Banesh Hoffmann (Princeton, NJ: Princeton University Press, 1979). © 1979 By the Estate of Albert Einstein, Princeton University Press. Reimpresso com a permissão da Princeton University Press.

3. CHOUINARD, Yvon. *Let My People Go Surfing: The Education of a Reluctant Businessman*. New York: Penguin Publishing, 2005. p. 178.

4. HESSE, Herman. *The Journey to the East*. New York: Martino Fine Books, 2011. p. 25.

5. http://www.nytimes.com/1999/10/04/business/akio-morita-co-founder-of-sony-and-japanese-business-leader-dies-at-78. htmlPpagewanted=all&src=pm.

6. http://athome.harvard.edu/programs/nagy/threads/concept_of_hero.html.

7. Etimologia latina de *amicus curiae*, http://www.etymonline.com/ index.php?allowed_in_frame=O&search=friend+of + the+court &searchmode=nl.

8. http://online.wsj.com/article/SB100014240527487038642045763 15223305697158.html.

Capítulo 3 – A *Master Idea*

1. ROSZAK, Theodore. *The Cult of Information: A Neo-Luddite Treatise on High Tech, Artificial Intelligence, and the True Art of Thinking*. 3rd ed. Berkeley: University of California Press, 1994. Reproduzido sob permissão da University of California Press por meio do Copyright Clearance Center, Inc. Publicado no Brasil com o título *O Culto da Informação: o Folclore dos Computadores e a Verdadeira Arte de Pensar*. São Paulo: Editora Brasiliense, 1988.

2. Theodore Roszak (Professor de História da California State University, East Bay), entrevistado por Joey Reiman em Berkeley, CA, em maio de 1998.

3. http://www.forbes.com/sites/marketshare/2012/02/16/the-most-valuable-company-in-the-world/.

Notas

4. http://investor.google.com/corporate/code-of-conduct.html.

5. http://www.starbucks.com/blog/what-s-your-starbucks-signature/674.

6. MYCOSKIE, Blake. *Start Something That Matters*. New York: Spiegel & Grau, 2011. Ainda não publicado no Brasil.

7. http://www.youtube.com/watch?v=Rco9xujjAak; also was an advertisement as seen here: http://www.youtube.com/watch?v=ImE8ZyoKUaQ&feature=fvwrel.

8. http://www.nike.com.

9. http://www.guardian.co.uk/business/2012/jan/08/virgin-brands-richard-branson-owns; http://www.virgin.com/company.

10. http://www-03.ibm.com/ibm/history/multimedia/fulldescriptions/think.html.

11. Origem latina de *spirit,* http://www.etymonline.com/index.php?allowed_in_frame=0&search=spiritus&searchmode=nl.

12. http://www.wholefoodsmarket.com/company/history.php.

13. http://thewaltdisneycompany.com/about-disney/company-overview; www.disneyinternational.com.

14. http://www.unilever.com/mediacentre/newsandfeatures/keithweednamedmarketeroftheyear.aspx.

15. "Others." Permissão por meio de Bob Watson.

16. ROSZAK, T. *O Culto da Informação*: o Folclore dos Computadores e a Verdadeira Arte de Pensar. São Paulo: Editora Brasiliense, 1988.

Capítulo 4 – Ethos

1. Origem grega de *etimologia*, http://www.etymonline.com/index.php?allowed_in_frame=0&search=etymology &searchmode=none.

2. Origem latina de *corporação*, http://www.etymonline.com/index.php? term=corporation&allowed_in_frame=0.

3. Origem latina de *história*, http://www.etymonline.com/index.php?term=story&allowed_in_frame=0.

Capítulo 5 – Cultura

1. http://www.walkawayusa.com/.
2. Origem grega de *símbolo*, http://www.etymonline.com/index.php?term=symbol&allowed_in_frame=0.
3. http://www.everythingpanam.com/1946_-_1960.html.
4. http://www.southwest.com/html/about-southwest/index.html.
5. Origem latina de *religião*, http://www.etymonline.com/index.php?term=religion&allowed_in_frame=0.
6. COHEN, Ben ; GREENFIELD, Jerry. *Ben and Jerry's Double-Dip: How to Run a Values-Led Business and Make Money, Too*. New York: Simon & Schuster, 1997. Reimpresso com a permissão de Simon & Schuster, Inc. Copyright © 1997, Ben Cohen e Jerry Greenfield.
7. COHEN; GREENFIELD, 1997.
8. http://www.hersheystory.org/about/milton-hershey.aspx.
9. Origem grega de *respeito*, http://www.etymonline.com/index.php? term=respect&allowed_in_frame=0.

Capítulo 6 – Valores

1. http://about.zappos.com/our-unique-culture/zappos-core-values/deliver-wow-through-service.

Capítulo 7 – Estratégia

1. Origem grega de *estratégia*, http://www.etymonline.com/index.php?term=strategy&allowed_in_frame=0.
2. http://www.cemex.com/SustainableDevelopment/High Impact-SocialPrograms.aspx.
3. HART, Stuart L. *Capitalism at the Crossroads: Aligning Business, Earth, and Humanity*. 2nd ed. Upper Saddle River, NJ: Pearson Education, 2008. © 2008. Reimpresso com permissão de Pearson Education, Inc., Upper Saddle River, NJ.

Notas

233

4. Origem latina de *competição*, http://www.etymonline.com/index.php?term=competition&allowed_in_frame=0.

5. http://www.history.com/this-day-in-history/three-point-seat-belt-inventor-nils-bohlin-born.

Capítulo 8 – Tática

1. Origem latina de *comunicação*, http://www.etymonline.com/index.php?term=communication&allowed_in_frame=0.

2. http://www.businessinsider.com/starbucks-is-giving-out-free--coffee-this-fourth-of-july-2012-7.

3. http://www.nike.com.

4. http://www.itworld.com/internet/127141/google-give-all-employees-10-raise-1000-cash-bonus.

5. Robert Spector e Patrick D. McCarthy, *The Nordstrom Way: The Inside Story cof America's #1 Customer Service Company*, 2nd ed. (New York: John Wiley & Sons Inc., 2000), 34. Reimpresso com permissão de John Wiley and Sons, Inc.

6. http://solutions.3m.com/wps/portal/3M/en_US/3M-Company/Information/AboutUs/.

7. http://www.walmartstores.com/sites/sustainabilityreport/2007/associatesPersonal.html.

8. http://www.forbes.com/2009/02/12/layoffs-workforce-planning-leadership-management_0212_kneale.html.

9. http://cobweb2.louisville.edu/faculty/regbruce/bruce//cases/harley/harley.htm.

10. SISODIA, Rajendra S.; WOLFE, David B.; SHETH, Jagdish N. *Os segredos das empresas mais queridas*. São Paulo: Bookman, 2008.

11. Origem da palavra *marca* no inglês arcaico, http://www.etymonline.com/index .php? term=brand&allowed_in_frame=0.

12. http://www.coneinc.com/content 1090.

13. http://investor.google.com/corporate/code-of-conduct.html.

14. http://www.stefan-gassner.de/dokumente/starbucks.pdf.

234 PROPÓSITO

15. Origem grega de *filantropia*, http://www.etymonline.com/index. php? term=philanthropy&allowed_in_frame=0.

Parte III – Propósito S.A.

1. http://www.saturdayeveningpost.com/2010/03/20/archives/ then-and-now/imagination-important-knowledge.html.

Capítulo 9 – Investigação

1. http://www.haagen-dazs.com/company/history.aspx.
2. http://articles.chicagotribune.com/l994-01-28/entertainment/ 9401280297_1_barnes-noble-superstores-book-discussion-groups-bestseller-list.

Capítulo 10 – Incubação

1. https://www.cia.gov/news-information/featured-story-archive / benjamin-franklin.html
2. SAWYER, Keith. *Explaining Creativity*. 2nd ed. New York: Oxford University Press, 2012. Copyright © 2012 Business Insider, Inc. Todos os direitos reservados. 92513:0912JM
3. http://algonquinroundtable.org/.

Capítulo 11 – Iluminação

1. http://www.scientificamerican.com/article.cfmPid=fact-or-fiction-archimede.
2. BENNIS, Warren; BIEDERMAN, Patricia Ward. *Os gênios da organização*. Rio de Janeiro: Campus,1998. Copyright © 1998 Warren Bennis, Patricia Ward Biederman. Reimpresso com a permissão de Basic Books, membro do Perseus Books Group.

3. http://familydoctormag.com/digestive-health/52-bowel-move-ment- triggers.html.

4. http://www.leadershipnow.com/creativityquotes.html.

5. http://www.time.com/time/subscriber/article/0,33009,959634,00.html.

Capítulo 12 – Ilustração

1. Ned Washington e Leigh Harline, "When You Wish Upon a Star." © 1940 by Bourne Co. (Renovado) Todos os direitos reservados. Copyright Internacional – ASCAP.

2. ROSZAK, T. *O Culto da Informação*: o Folclore dos Computadores e a Verdadeira Arte de Pensar. São Paulo: Editora Brasiliense, 1988.

3. http://www.wholefoodsmarket.com/company/declaration.php.

Capítulo 13 – A Estrada para Camelot

1. Alan Jay Lerner e Frederick Loewe, "Camelot." © 1960. Publicação e Direitos Reservados a Chappell & Co., Inc.

2. http://www.nytimes.com/2006/04/02/opinion/02iht-edrohatyn.html?_r=l&pagewanted = all.

3. http://www.cfo.com/printable/article.cfm/4007436.

4. http://www.wholefoodsmarket.com/company/declaration.php.

5. Lerner e Loewe, "Camelot." © 1960. Publicação e Direitos Reservados a Chappell & Co., Inc.

6. http://www.businessweek.com/bwdaily/dnflash/content/mar2009/db20090316_630496.htm.

7. http://www.time.eom/time/business/artide/0,8599,1858079,00.html.

8. GERGEN, David. *Eyewitness to Power: The Essence of Leadership Nixon to Clinton*. New York: Simon & Schuster, 2000. © 2000. Reimpresso com permissão de Simon & Schuster, Inc.

236　　PROPÓSITO

9. SISODIA, Rajendra S.; WOLFE, David B.; SHETH, Jagdish N. *Os segredos das empresas mais queridas*. São Paulo: Bookman, 2008.

10. http://www.amazon.com/Careers-UniversityRecruiting/b?ie=U TF8&node=203348011.

11. Lerner e Loewe, "Camelot." © 1960. Publicação e Direitos Reservados a Chappell & Co., Inc.

Capítulo 14 – Um Mundo com Propósito

1. http://www.rezultsgroup.com/blog/a-memorial-day-tribute. html; http://dcstevensl.wordpress.eom/2009/10/21/man-on-the--moon/.

2. http://www.federalreserve.gov/aboutthefed/fract.htm.

3. Discurso proferido na American Society of Newspaper Editors (Sociedade Americana de Editores de Jornais), Washington, DC, em 17 de janeiro de 1925.

4. http://www.historyplace.com/speeches/fdr-first-inaug.htm.

5. http://www.un.org/millennium/declaration/ares552e.htm/.

6. http://www.un.org/millenniumgoals/.

7. http://www.pg.com/en_US/sustainability/reports.shtml.

8. http://www.community.nestle.com/Pages/mdg-landing.aspx.

9. http://www.un.org/en/globalissues/briefingpapers/mdgs/index.shtml.

10. http://www.ushealthiest.org/.

11. KEYES, Corey. "Authentic Purpose: The Spiritual Infrastructure of Life", *Journal of Management, Spirituality & Religion*, v. 8, n. 4, dez. 2011. Reimpresso com permissão de Taylor & Francis, LTD.

12. Origem grega de *bio*, http://www.etymonline.com/index.php? term=bio-&allowed_in_frame = 0.

13. Origem grega de *mimesis*, http://www.etymonline.com/index. php?allowed_in_frame=0&search=mimesis&searchmode=none.

Epílogo

1. http://www.usconstitution.net/consttime2.html.
2. SISODIA, Rajendra S.; WOLFE, David B.; SHETH, Jagdish N. *Os segredos das empresas mais queridas*. São Paulo: Bookman, 2008.

Recursos adicionais

Se você gostou de *Propósito* e quer criar o seu, por favor, entre em contato comigo:

jreiman@thinkbrighthouse.com

Website da BrightHouse nos EUA:

www.thinkbrighthouse.com

Website da BrightHouse Brasil:

www.Brighthousebrasil.com.br

Participe de nossa comunidade movida a propósito:

www.dailyjoey.com

www.joeyreiman.com

www.facebook.com/BrightHouseATL

@BrightHouseATL

Sobre o autor

Apontado como uma das 100 pessoas que mudarão a maneira de pensarmos pela revista *Fast Company*, Joey Reiman é fundador e CEO da consultoria global BrightHouse, uma empresa cujo único propósito é levar alma ao mundo dos negócios.

Pai da ideação, termo por ele cunhado, Reiman emergiu como especialista nas áreas da liderança inspirada por propósito, do marketing e da inovação.

Sua inovadora metodologia do propósito e o sistema por ele desenvolvidos foram adotados por Procter & Gamble, Coca-Cola, McDonald's e muitas outras empresas Fortune 500 ao redor do mundo.

O autor é professor da Goizueta School of Business da Emory University, onde ensina aos executivos de amanhã suas teorias revolucionárias e como aplicá-las, e crê no lucro como consequência da inspiração de um propósito.

Escreveu um livro de negócios extremamente popular, *Ideias: como usá-las para renovar seus negócios, sua carreira e sua vida*.

É vencedor de centenas de prêmios, incluindo o Leão no Festival de Publicidade de Cannes e o Corporate Marketing Leader of the Year.

Palestrante renomado internacionalmente, inspirou milhares de líderes de negócios a mudar seu perfil, de vendedores a benfeitores, assumindo papel de reparação social em alguns casos. Devido a sua capacidade de engajar plateias por meio do relato de experiências e mensagens motivacionais, consegue levar suas palestras mais longe, fazendo de cada oportunidade em que é ouvido uma ocasião não somente memorável, mas também definidora de sentido. Ele é o guia numa jornada para que você expanda sua imaginação e se torne mais inspirado, empoderado e cheio de propósito.

240 PROPÓSITO

Em abril de 2012, Joey Reiman foi honrado com o título de Graham Executive in Residence na University of the South, uma distinção concedida apenas a um seleto grupo de indivíduos, entre os quais se incluem o fundador e CEO da Southwest Airlines, o presidente do Lionsgate Entertainment Studio e o CEO da Gulf Oil. Em agosto de 2012, recebeu o primeiro prêmio da Maynard Jackson Youth Foundation, por ter demonstrado consistência em seu compromisso com o aprendizado e por ter ajudado aos outros, a escalarem os degraus da educação e, assim, a conquistarem o sucesso.

Reiman afirma que sua maior conquista é seu autoproclamado título de *familionário*, alguém cuja verdadeira riqueza está em sua família. É casado com a defensora dos direitos das mulheres Cynthia Good, com quem tem dois filhos incríveis, Alden e Julien.

Agradecimentos

Propósito tem muitos capítulos, começando por minha própria busca por sentido. Encontrei isso quando conheci minha mulher, Cynthia. Ela é minha razão de existir e, há 23 anos, tem sido meu "era uma vez".

Nossos dois filhos, Alden e Julien, são produto de duas pessoas apaixonadas uma pela outra. E eles são a prova mais clara disso. Alden é um calouro brilhante na Brandeis University e Julien está no penúltimo ano do colegial na Galloway High School, trilhando sua própria bela história.

Meu obrigado a Robyn Spizman, que não é estranha ao sucesso. Sua visão e incentivo serviram de inspiração e de guia a cada passo do caminho, sendo ela mesma autora de diversos livros. Ali Spizman, a intrépida filha de Robyn, é minha assistente executiva, além de uma estrela do rock. Também escritora, trabalhou incansavelmente neste livro, além de trabalhar de forma ininterrupta na BrightHouse. Não conheço ninguém mais talentosa, capaz, enérgica e animada com sua vida e seu trabalho, e isso é perceptível todos os dias. A outra joia de Robyn é seu filho, o advogado e escritor Justin Spizman, que também contribuiu com este livro.

Ninguém é mais verdadeira, competente e direta no ramo editorial que minha agente literária, Jackie Meyer. O mundo seria mais adepto da leitura se todos os autores tivessem sua companhia e capricho como representantes.

John Wiley & Sons escreveram o livro dos livros. Minha incrível editora, Lauren Murphy, é heroína desta história. Ela viu este trabalho como uma maneira de fazer o mundo trabalhar melhor. Fui o primeiro a me beneficiar disso, pois aprendi muito. Obrigado por acreditar neste livro. E Christine Moore, obrigado por me ajudar a desenvolver esta história. Nos bastidores, obrigado a Lydia Dimitriadis, Susan Moran e Heather Condon pela ajuda ao trazer este livro à vida. Seu incentivo manteve-me focado e pontual. Obrigado aos departamentos jurídicos que trabalharam incansavelmente para refinar o conteúdo.

E obrigado aos pensadores brilhantes da BrightHouse, a primeira empresa de ideação do mundo. Esses pioneiros do propósito fizeram da BrightHouse um nome global, entre as melhores empresas do mundo, e fizeram contribuições consideráveis a este livro.

Liderando a investida estava a diretora criativa, poeta e pintora Cathy Carlisi, que me ajudou a virar a indústria da publicidade de cabeça para baixo há duas décadas e agora faz o mesmo pelos negócios. Seu senso artístico é proveniente da natureza, sua pena é um pincel, como é evidente em muitos dos exemplos criativos deste livro.

A diretora de estratégia Dolly Meese redefiniu o que uma empresa de consultoria pode e deve fazer pelos negócios. Nos últimos seis anos, Dolly levou as estruturas constantes deste livro a dúzias de negócios ao redor do mundo. Não conheço outra estrategista que inspire o respeito que nossos clientes têm por ela.

A diretora financeira, Kim Rich, comprovou ser possível ganhar dinheiro com significado. Mantendo um olho atento nos números, ela mantinha o outro no conteúdo deste livro e na sua conclusão.

Ashley Lewis produz, escreve e dança todos os dias. Ela merece palmas por muitos dos exemplos nesta história, e merece ser aplaudida de pé por sua sagacidade e recursos.

Monika Nikore é nossa estrategista sênior em Atlanta. Sua consideração é do que esta história trata. Ela veio para a BrightHouse para mudar o mundo. Os resultados estão em *Propósito*.

Maggie Schear é nossa estrategista sênior em Cincinnati, estado de Ohio, mas seu brilho alcança Atlanta e além. Eu escrevo sobre Maggie com certo receio, porque temo que, se descrever sua mente e seu espírito, um dos leitores pode tentar roubá-la da BrightHouse. Só vou dizer que ela é uma combinação de Marie Curie com Madre Teresa.

Agradecimentos especiais a Justin Baum, nosso diretor criativo, diretor de muitas de nossas ilustrações, e a Mary Jane Cooper, por manter tudo funcionando enquanto eu estava correndo e escrevendo.

Agradecimentos

Agradecimentos a todos da BrightHouse, a nossos estagiários de verão Manya Cherabuddi, Caroline Rogers e Pedro Henrique, e nossos estagiários de outono, Caroline Tanner e Amanda Wikman; tive a honra de seu apoio até o fim de seus estágios.

Obrigado à BrightHouse Brasil e seus líderes, Jaime e Cecilia Troiano, Fabio Milnitzky e Marie-Oceáne Gazurek, que construíram um próspero negócio no Brasil. Os brasileiros adoram propósito e são contadores de história natos. Espero que este livro seja traduzido para o português, e, assim, os muitos amigos que gentilmente dividiram comigo suas histórias de propósito, inclusive meus amigos do Banco Itaú, poderão conhecê-lo.

Andrea Hershatter é decana e diretora do programa BBA da Goizueta School of Business da Emory University. Ela é responsável por minha posição como professor nessa instituição, assim como por muito do corpo e do espírito deste trabalho. Andrea foi a primeira Diretora de Aprendizagem da BrightHouse. Seus ensinamentos são uma lição para os negócios e para o mundo.

Aos meus docentes auxiliares na Emory, obrigado por todas as suas contribuições. A meus alunos da matéria "Ideation 441", vocês são meus favoritos.

Propósito não chegaria às mãos de vocês sem as histórias que foram colocadas nas minhas. Agradeço a Bob McDonald, a Bruce e Nancy Brown, e a Marc Pritchard.

Minha gratidão também se estende aos líderes de propósito da Procter & Gamble (P&G) Greg Icenhower e Paul Fox; Harley Procter; ao diretor de marketing Daniel Epstein; Matt Carcieri; Lisa Hillenbrand; Patrick-Lockwood Taylor; Marusia Diaz; James Illingworth; Ammie Walter; Brad Lenning; Matt Hollenkamp; Michelle Potorski; Michelle Robbins; Courtney Bott; Tara Brown; Taylor Montgomery; Michele Baeten; Mark Murrison; Lynn Cobb; Monica Rojas; Tracey Long; Heather Valento; e aos arquivistas da P&G, Ed Rider e Shane Meeker.

A vocês todos, dedico o que segue:

244 PROPÓSITO

A maré (TIDE) do Propósito Eleva todas as Marcas. O propósito é a fusão (FUSION) de intenção e contribuição. Seu alcance (SCOPE) é amplo, e seu vigor (BRAUN), incrível. Até agora, o propósito era um segredo (SECRET) que podia ser considerado trancado numa torre de marfim (IVORY). Mas, como um cometa (COMET) de VENUS, o propósito criou uma cascata (CASCADE) de novas oportunidades à medida que alinhamos (ALIGN) nossas marcas para trazer alegria (JOY) à vida das pessoas. O propósito ama (LUVS) as pessoas. Ele nos paparica (PAMPERS) ao abrilhantar nossos dias com entusiasmo (CHEER). E fornece proteção (SAFEGUARD) para os tempos difíceis, quando desejamos que as coisas fossem mais fáceis (NICE N EASY). O propósito nos infla (PUFFS) o peito, coloca gingado (BOUNCE) em nosso caminhar e vivacidade (PERT) em nossos sorrisos. O propósito está colocando a Procter & Gamble com um corpo (HEAD & SHOULDERS) de vantagem em relação aos concorrentes, criando bonança (BOUNTY) em que todos os interessados ganham (GAIN). O propósito é o alvorecer (DAWN) de uma nova ERA no marketing. E os construtores de marca da P&G estão montando na onda (CREST). Sabemos que as pessoas querem mais significado em suas vidas e uma boa pitada (DASH) de propósito sempre (ALWAYS) atende a essa necessidade.

Um obrigado especial também para minha querida amiga e nadadora mundialmente conhecida, Diana Nyad, que ajudou a marca Secret a descobrir seu propósito e inspirou milhões de pessoas a fazerem o mesmo.

Obrigado ao caríssimo amigo Jay Gould, oito vezes pioneiro do propósito, e a sua esposa maravilhosa e inseparável, Arlene Gould, e a minha colega Jeannette Long e seus associados na American Standard.

Da Newell Rubbermaid, agradeço a Michael Polk, Mark Ketchum, David Doolittle, Bill Burke, Ted Woehrle, Penny McIntyre, Kristie Juster, Mike Halak, A. J. Ross, Neil Eibeler, Curt Rahilly e Jim Poppins, por criarem marcas que verdadeiramente fazem diferença no mundo.

Agradecimentos

245

Muito obrigado a Brian Dyson, Sandy Douglas, Katie Bayne, e Stuart Kronauge, da Coca-Cola. Ao fundador do McDonald's, Fred Turner; além de Kevin Newell e Neil Golden; e, do SunTrust, Bill Rogers, Rilla Delorier, Chuck Allen e Ken Carrig, agradeço a confiança depositada em mim e no processo de propósito da BrightHouse.

Ao primeiro cliente a confiar na BrightHouse, a Domino's; ao diretor de marketing da Nestlé, Tom Buday; à ex-presidente da Red Lobster, Edna Morris; ao diretor independente da Sapient, Jim Bensen; à ex-presidente da MetLife, Lisa Weber; à consultora Lauren Masetelli; ao diretor executivo da AIG, Bob Benmosche; à diretora de marketing da WellPoint, Kate Quinn; à diretora executiva da Cinnabon, Kat Cole; ao diretor executivo da The Home Depot, Frank Blank e à diretora financeira, Carol Tome; a Juergen Bull, Anne-Marie Skov e Khalil Younes, da Carlsberg; a Laurie Tucker e Brian Adams, da FedEx; a Tim Mapes, da Delta Air Lines; ao vice-presidente sênior da Southwest Airlines, Ginger Hardage; ao vice-chanceler da The University of the South, John McCardell; e a Chip Manning. A meus colegas do Boston Consulting Group, Mike Deimler e Rich Lesser, diretor executivo; ao ex-diretor executivo da Monitor Consulting, Bob Lourie, e a consultora Sandi Pocharski; ao "Big Chicken" do Boston Market, George Michel, ao diretor executivo do Captain D, Phil Greifeld, a Rodger Krouse e Marc Leder, do Sun Capital, e ao diretor executivo da Canyon Ranch, Mel Zuckerman. Ao diretor executivo da Georgia Pacific, Jim Hannen, e seus colegas Kathy Walters, Steve Church e Sheila Weidman. Ao presidente da Brandeis University, Fred Lawrence; ao decano da Goizueta Business School, Larry Benveniste; ao professor de Marketing Jag Sheth; ao professor associado de Finanças Jeff Rosensweig, e ao professor associado de Organizações e Gestão Richard Makadok, todos estão na trilha do propósito.

Obrigado a meus conselheiros Michael Daily, Steve Dorvee e Steve Sidman; Tom Schrag; Doug Ross; David Skid; Sam Tuck; Dr. Randy Martin; e Dr. Glenn Maron, cujo trabalho brilhante permitiu que a entrega do manuscrito deste livro não ultrapassasse o prazo.

A meu mentor Al Hampel, que até hoje me inspira; aos meus caros amigos Joe Paprocki e David Paprocki; e ao meu amigo e colega Philip Kotler. Obrigado a meus amigos de propósito Brian Hankin, Richard e

246 PROPÓSITO

Liz Ward, Doug Levy, à astróloga Lorelei Robbins, a Michael Greenlees, à cartunista Roz Chast, a Charles Brewer, ao Dr. Robert Sternberg, a Garth Tissol, a Edie Fraser, ao falecido Maynard Jackson, a meu sócio na B.O.T.H., Erik Vonk, a meus sócios na Hiya Media, à fundadora e diretora de presentes Amanda Bessemer, a Paul Woolmington e ao escritor Jan Schroder. A meu irmão Michael Reiman; a Jeff Cervero; e a Scott Gaston, que já me abriram portas.

Mais de 300 luminares da BrightHouse já iluminaram nossos salões, e gostaria de reconhecer aqueles cuja genialidade teve impacto em *Propósito:* o professor da Emory University envolvido em pesquisas de neurociência no Departamento de Psiquiatria, Dr. Rick Gilkey; o filósofo Dr. Sam Keen, os antropólogos Dr. Bradd Shore e Dra. Mary Catherine Bateson, o sociólogo Dr. Corey Keyes, a Irmã Joan Chittister, o astrônomo e escritor Bob Berman e a decana de Artes e Ciências da Duke University, Laurie Patton.

Finalmente, quero agradecer ao psicólogo Dr. Arthur Cohen, cujo pensamento e inspiração alcançaram meu coração, assim como este livro, e ao falecido professor e escritor Dr. Theodore Roszak, que acreditava que as melhores ideias moldavam a história e nosso futuro.

E a Deus, que criou a maior história de propósito de todas. Dou graças por Deus!

Índice Remissivo

3M, 127
A MetLife *já tocou sua vida?*, 65
A vida precisa de cobertura" (Cinnabon), 63
AIG, 68
"Ajudando pessoas a prosperar" (Newell
  Rubbermaid), 74
Algonquin, Mesa-Redonda do, 152-154
Aliança para tornar os EUA mais saudáveis,
  programa, 219
Alquimista, O (Coelho), 172
Always, produtos de higiene feminina, 42
Amazon, 210
American Standard, 84, 145-146, 159, 218, 244
Amerock, 74-75
Amicus curiae "amigo da corte", 43
amicus curiae, 43
"Amo muito tudo isso" (McDonald's), 33
amor
  heartstorming (tempestade de
    emoções) *vs. brainstorming*
    (tempestade de ideias), 150-152
  lealdade *vs.*, 131
  tática e, 120
Anderson, Richard, 79
anticonsumismo, 219
anúncios *vs.* ações, 131
Apple
  como empresa Camelot, 196
  como marca querida, 128
  criatividade como propósito, 187
  icônico símbolo da Apple, 76
  iPod, 58
  Jobs, Steve, 39, 56, 58, 187, 192, 200,
    203-204, 217
  origens da, 169
  slogan "Think different" (pense
    diferente), 56
  valorização e sucesso da, 55

Arcos dourados. *Ver* McDonald's, 32
Aristóteles, 15, 25, 29, 164
Arquimedes, 106, 163-164, 168, 173
arquivistas, 71
atemporalidade, em *Master Ideas*, 55
autorrealização, 61
Aviation Systems, 57

Banco Itaú, 218
Barnes, Charles (Barnes & Noble), 142
Bateson, Mary Catherine, 159-160
BBDO, 150
BCG (Boston Consulting Group), 105-107
Ben & Jerry's, 84
Benmosche, Robert H., 66-68
Bennis, Warren, 166
Benyus, Janine, 221
Bezos, Jeff, 210
"Big Chicken, The" cartão, 82-83
Biomimetismo: inovação inspirada pela
  natureza (Benyus), 221
Blake, Frank, 75
Bloomberg, 184, 218
Bohlin, Nils, 117
Bolsinger, Lorraine, 57
Booth, William, 57
Boston Consulting Group (BCG), 105-107
Boston Market, 64, 82-84, 245
BOTH, 198
Bounty, toalhas de papel, 41
BP, 98
brainstorming
  conceito de , 150
  heartstorming (tempestade de emoções)
    vs., 150-151
  lugares para pensar, 167-168
  Ver também Processo de Ideação dos
    Quatro Is

248 PROPÓSITO

branding, origem do, 34, 128
Branson, Sir Richard, 56
Brewer, Charles, 87, 98
briefings de comunicação, 130
BrightHouse
  como empresa de ideação/agente de
    mudança, 53-54, 130
  encontrar propósito da empresa, 75
  luminares da, 108-109, 135
  Processo de Ideação dos Quatro Is, 137
  união da marca para, 123
  valores da, 95-97
BrightHouse, Elipse da, 62
Brown, Brene, 21
Buchheit, Paul, 111
Buda, 203
Buday, Tom, 117
Burke, Leis de, 47-50
Burke, William A., III "Bill", 46-50, 213, 244
Burton, Jeff, 184

caixa-preta da estratégia
  localização, 116-117
  panorama, 61-62
  Ver também cultura; *ethos*; estratégia;
    tática
Calphalon, 69-71, 74, 110-111, 116-117, 182
Camelot (Rei Arthur), 193, 196
Camelot, Caderno de exercícios quadrado,
  208-209
Camelot, empresas
  constituintes das, 205
  empregados em, 200
  excelência operacional e *excelência
    emocional* em, 194-195
  exemplos de, 196
  liderança e pessoas em, 200
  mentalidades em, 203
  outras organizações *vs.*, 195-199
  panorama, 193
  questões para a jornada, 207-209
  tomada de em, 204
  visões de mundo empresariais, 204
Camelot, Matriz, 194-195
Campbell, Joseph, 107
Capitalismo na Encruzilhada, O (Hart), 114

capitalismo, 214
Captain D, 82-84, 245
Carlisi, Cathy, 173, 186, 188, 242
Carlsberg Group, 143-144
Carnegie, Andrew, 214
castelo nas nuvens, organizações, 197-199, 201
CAVE-dwellers, 28
Cemex, 113-114
Centros de Controle e Prevenção de
  Doenças, 218
Cervantes, Miguel de, 43
Chandler, Alfred, 98
Chast, Roz, 22, 213
Child, Julia, 70
Chittister, Irmã Joan, 158
Chouinard, Yvon, 38
Chrysler, 59
Cinnabon, 63
Circuit City, 204
Coca-Cola Company, The, 45, 71
Coelho, Paulo, 172
Cohen, Ben, 39, 80
colaboração e coletividade
  colaboração organizacional, 48
  intenção e contribuição, 22
  na iluminação, 164-167
  necessidade de, 161
  propósito, natureza unificadora do,
    219-220
  sobre propósito, 217-218
  trabalho em equipe e regras da
    equipe, 202
Cole, Kat, 63
Collins, Jim, 28, 51
Comerciantes como curadores, 219
compaixão, 74, 165
"Compartilhado é o Apetite pela Vida"
  (Calphalon), 116-117
compartilhamento da empresa, 127
compra de publicidade *vs.* mídia gratuita, 130
compromisso com a empresa, 127
compromisso com a marca, 124
comunicação, etimologia de, 123
Cone Communications, estudo da (Cone
  Study), 130
Cone, Robert, 31

Índice Remissivo

"Confiança lhe cai bem" (Goody), 74
constituintes, organizacional, 205
consumismo *vs.* anticonsumismo, 219
Coolidge, Calvin, 214
Cooper, Anderson, 83
"Corações que fazem o mundo escrever"
    (Paper Mate), 173, 183
"Coragem e glória" (Irwin Tools), 173, 181
corporações. *Ver* empresas e corporações
criatividade
    da curiosidade ao encantamento, valor,
        96-97, 171
    ideais e ideação, 53-54
    inteligência se divertindo, valor, 96, 97
    "matadores de ideias" *vs.*, 170
    mentalidades organizacionais e, 202-203
    no processo de ideação, 137, 149
    Ver também Quatro Is do Processo de
        Ideação
CSI (programa de TV), 135
"Cuidar dos que cuidam deles" (Graco), 30-31
cultura
    como religião, 80-81
    culturas únicas, 205
    definição, 62
    empresa, símbolos da, 75
    investigação, 137-140
    panorama, 73
    respeito e, 78
curiosidade, 166
da curiosidade ao encantamento, valor,
    96-97, 171

Da Vinci, Leonardo, 169
Danner, Ray, 83
Darwin, Charles, 129
decisões, tomada de, 201-202
Declaração do Milênio das Nações Unidas, 216
Decor (marca), 111
Deimler, Mike, 105-107
Delorier, Rilla, 44-46,156
Delta Air Lines, 77-80
destemor, 50, 119-120
destino, investigação, 140
Diagramas de Venn, 174
diretivas *vs.* diretores, 97

discursos de posse presidenciais, 173
Disney, 25, 45, 76, 169, 178, 186
Diversidade ideal, 204
Dixie Cup Company, 115-116

EarthLink, 87, 98
Edison, Thomas Alva, 57
Einstein, Albert, 37, 97, 135, 198, 203
"Eleve o mundo" (Delta Air Lines), 78-79
Emerson, Ralph Waldo, 169
Emory University Bank of Dreams (Banco
    de Sonhos da Emory University), 212
empregados
    apoio, 48-49
    descrição e hábitos de trabalho de,
        199-202
    voluntários *vs.*, 130
empresa, paixão da, 126-127
Empresas feitas para vencer (Collins), 28
Enlai, Zhou, 43
Enron, 201
Era da Ganância, 88
estratégia
    BCG (Boston Consulting Group), 105-107
    definição, 62
    estratégia wow, 103
    estratégias vencer ou vencer, 112-113
    etimologia, 102
    heróis e, 107
    importância de, 101-102
    indispensabilidade e, 115-116
    introduzindo o elemento do *por quê?*,
        102-103
    novas estratégias para futuras, 113-114
    panorama, 101-118
    três Ws da, 104-105
    vantagem competitiva *vs.* vantagem
        distintiva, 114-115
Estratégias dos porquês, 102-105
estratégias visuais. Ver ilustração, nos
    Quatro Is
Estudo Confidencial sobre Hábitos no
    Banheiro do Quilted Northern de 2004, 168
ethos
    como origem de inspiração, 63-66
    definição, 63

250 PROPÓSITO

descobrindo sua empresa com, 68-72
investigar o, 142-143, 16-147
Master Ideas baseadas em, 56
panorama, 63-72
verdade e truísmos para o, 42
eureca, momentos, 164-165
excelência emocional, 17, 58, 64, 194, 195
excelência operacional, 194-195
Exército da Salvação, 38
Explaining Creativity (Explicando a
   criatividade), Sawyer, 151
Exxon Mobil, 28

Facebook, 39, 121, 124
família Norris, 29
família, como valor, 96
familionário, conceito de, 96
Fantasia (filme), 167
Favoritos Com Menos de 400, iniciativa, 95
fé como valor, 49-50, 58, 102
Federal Reserve, Ato do, 214
FedEx, 89, 96, 104
Feitas para durar (Collins), 51
Fellini, Federico, 185
Ferguson, Dan, 108-109
filantropia, 131
*Firms of Endearment – Os segredos das
   empresas mais queridas* (Sheth), 206,
   219, 235
Fitzgerald, Ella, 211-212
"Fly Me to the Moon" (canção), 50
fortaleza, organizações, 196-206
Fortune 500, 27-28, 30
Franklin, Ben, 149
Fraser, Edie, 131
Frawley, Patrick J., 110, 146
Friedman, Milton, 113-114
"Funciona melhor com nosso escudo"
   (RCP), 49
Fundação Bill e Melinda Gates, 146

Gallup-Healthways Well-Being Index, 28
Gamble, James, 29-31
Gandhi, 186
Gates, Bill e Melinda, 146
Gauguin, 96

General Electric (GE), 57
Georgia-Pacific, 155-156
Gergen, David, 205
Gilkey, Rick, 36, 127, 160
Gladwell, Malcolm, 176
GM (General Motors), 28
Gmail, 130
Golden, Neil, 32, 90-92, 95, 245
Good, Cynthia, 144-145
Goody, marca, 74, 111
Google, 126-127,196
Gould, Jay, 109-110, 145-146, 218
Graco, 30-31, 70, 75, 97, 109, 111, 116,
   173-174
Grande Depressão, 81, 143, 214
Greenfield, Jerry, 39, 80
grega, língua, 65, 95, 131
Greifeld, Phil, 83-84, 245
Grilo Falante, 178
gritos de guerra, 56

Häagen-Dazs, 140
Hardage, Ginger, 77
Harley-Davidson, 127
Hart, Stuart L., 114
Health Kup (copo da saúde), 115
Helmholtz, Hermann von, 134
Henderson, Bruce, 105-107
Herói, Jornada do, 107
heróis, 107, 200
Hershatter, Andrea, 243
Hershey, Milton (Hershey Company), 81-
   82, 215
Hesse, Hermann, 38
Hewlett-Packard (HP), 169
Hieron, 163-1647
histórias, importância das, 22-23
Hiya Media, 128
Holmes, Sherlock, 137-138
Home Depot, The 75-76
Homem de La Mancha, O (peça), 43
Hopi, tribo, 174
Horseradish Grill, 198-199
Hugo Cabret, A invenção de (filme), 35
humanidade e bondade
   como nova moeda, 21-24

Índice Remissivo

foco na mudança, necessidade de, 58-60, 156-161, 217-220
Ver também valores
visões de mundo organizacionais e, 202-203
Hyundai, 74-75

IBM, 56, 199-200, 202, 215
ideias e ideação, 53-54
Ver também criatividade; Processo de Ideação de Quatro Is; ideogramas das *Master Ideas*, 65
iluminação, em Quatro Is, 134
ilustração, em Quatro Is, 134
Immelt, Jeffrey, 39, 57, 200
incubação, nos Quatro ls, 134
indispensabilidade, 115-116
Inkjoy, marca, 111
inocência, 165-166
inspiração, 54-55, 63, 77, 79, 147, 150, 168
investigação, nos Quatro Is, 134
investigações globais, 143-144
iPod, 58
Irwin Ferramentas, 47-49, 160, 181

Jacobsen, J. C. e Carl, 143
Jesus Cristo, 203
Jobs, Steve, 39, 56, 58, 187, 192, 200, 203-205, 217
Jung, Andrea, 39
Juster, Kristie, 69-70, 111, 116, 244

Kasperzak, Ron, 70-71, 110
Keen, Sam, 109, 139, 141, 145, 160, 246
Kelleher, Herb, 39, 203
Kennedy, John F, 25, 173, 186, 200, 211-212
Ketchum, Mark, 108-109, 160-161, 244
Keyes, Corey, 24, 220
Kick Tail-A-Grams, 77
King, Martin Luther, Jr., 186
Kissinger, Henry, 43
Kotler, Philip, 88, 97
Krispy Kreme, 200
Kroc, Ray, 32, 92-94
Krouse, Rodger, 81-82, 84, 245

latim, língua, 29, 37, 57, 71, 80
Leder, Marc, 81
Lego, 59, 68-69
Lennon, John, 203
Lenox Ferramentas Industriais, 47-48, 110, 183-184
Lerner, Alan Jay, 193, 203, 210
Let My People Go Surfing (Deixe meu pessoal surfar – Chouinard), 38
Levolor, marca, 74
Lewis, Ashley, 156
lições, em *Master Ideas*, 56
liderança inspirada por propósito
características de, 35, 50
exemplos de, 39
ferramentas para, 47-51
heróis, 107, 200
inspiradora, 42-43
Jobs, Steve, 39-40
medida, 49-51
motivação e, 37, 39-41
panorama, 37-52
liderança resoluta. *Ver* liderança inspirada por propósito
Lincoln, Abraham, 173, 205
LittlePinkBook.com, 144
"LIVE UNITED" (Vivam em união), campanha, 192
Loads of Hope, programa itinerante, 42
lucros e acionistas, foco em, 28, 66, 89, 105, 131, 141, 156
Luellen, Lawrence, 115
luminares (especialistas no assunto), 108-109, 135, 139, 147, 152-161

Mackey, John, 39, 57, 74
"Mais mágica, menos lógica" (Unilever), 57
Makadok, Richard, 98
"Mal Fede, O", campanha contra o *bullying*, 121
Maomé, profeta 203
marca *vs.* posição, 34-36, 129
marca, compromisso com a, 124-125
marca, intimidade com a, 124, 126
marca, paixão pela, 103-104, 106
marca, união de, 123-124

252 PROPÓSITO

"Marcas que Fazem a Diferença" (Newell Rubbermaid), 74

marcas
cliente, amor pelas, 128-129
ponto de diferença *vs.* Ponto de vista, 130

marketing de relacionamento, 127

marketing, táticas de, 129-131

Maslow, Abraham, 61

Master Idea, filmes, 185-188

Master Ideas
ideação e articulação de, 173-174
panorama, 53-56
princípios das, 55-56
slogans *vs.*, 179

"matadores de ideias", 170

MBWA – Management By Wandering Around (Gerir Andando pela Empresa), 83

McDonald, Bob, 38, 40-43, 51

McDonald's
arcos dourados, 32-33
Casas de Apoio Ronald McDonald, 94, 94-95
ethos de jazz, 91
fundação do, 32-33, 92-94
Iniciativa Favoritos Com Menos de 400, 95
McLanche Feliz, 33, 90, 95
"Servir Alegria às Famílias" propósito, 92
Turner, Fred, 32, 91, 93, 187
valores do, 90-95

McIntyre, Penny, 183

McLanche Feliz, 33, 90, 95

"Medidas de Sucesso" (Calphalon), 182

Meese, Dolly, 161, 166, 242

"Melhorando vidas, perto de você" (P&G), 30

mentalidades, mudanças de, 169-172

mentalidades, tipos de, 202-203

MEplusYOU, 121

MetLife, 65-68, 160, 245

Michel, George, 64, 82-83, 245

Michelangelo, 167

mídia gratuita *vs.* compra de publicidade, 130

mídias sociais
brindes de empresas por meio de, 129
Facebook, 39, 121, 124
processo de ideação e, 149

Millward Brown, 42-43

MindSpring, 87

Moisés (Velho Testamento), 203

Mooney, Phil, 71

Moore, Hugh, 115

Moose, Sandy, 106-107

Morgan, J. P., 214

Morita, Akio, 38-39

motivação, 37, 39-41

movimento culinário, EUA, 70-71

MTV, 178

Mycoskie, Blake, 56

"Não seja mau" (Google), 130

Nascar, 184

Negócios e corporações
América corporativa, conceito de, 214
corporação, etimologia de, 70
humanidade precisa focar, 21-24, 58-60, 156-161
necessidade de mudança em, 131, 215-220
terra como modelo de negócios para, 220-221

Nestlé, Henri (Nestlé), 117, 215

Neutron, Jack (Jack Welch), 204

Newell Rubbermaid
Calphalon, 69-70, 74, 110-111, 116-117, 182-183
cultura da empresa, 74-75
Decor floor, marca, 74
Goody, marca, 74, 111
Graco, 47, 70, 75, 97, 109, 111, 116, 173-174
paixão da empresa, 126
Paper Mate, 59, 110-111, 146, 173, 183-184
Rubbermaid Commercial Products (RCP), 49, 158-159
Ser-fazer-dizer, sistemas usados por, 179
valores e propósito da, 108-112

Newell Rubbermaid, Estrela da, 111-112

Newell, Kevin, 95

Nietzsche, Friedrich, 25, 169

Nike, 56, 76, 126, 178, 187

Nikore, Monika, 154

Índice Remissivo

Nordstrom, 126
Nyad, Diana, 119-121, 124

Objetivos de Desenvolvimento do Milênio (ODMs), 216-219
Old Spice, 41
olhos abertos, visão de mundo, 204
olhos arregalados, visão de mundo de, 204
olhos fechados, visão de mundo, 203
olhos ferozes, visão de mundo, 204
On the Fly (programa de TV), 77
Operação Kick Tail, 77
Organização Mundial da Saúde (OMS), 41, 218
Osborn, Alex, 150

P&G. *Ver* Procter & Gamble
padrões, elevar os, 145-146
paixão
    paixão da empresa, 126-127
    paixão da marca, 124, 126
    tática e, 61, 123-124, 126-127
    vantagens e paixão do Google, 126-127
    Ver também amor,
Palmisano, Sam, 199-200, 202
Pampers, 41-42, 59
Pan Am, 76
Paper Mate, 59, 110-111, 146, 173, 183
Paquistão, 103
Patagonia, 38
Pensador, O (estátua), 168
pensamento convencional, 203
Pensamento grupal, conceito de, 201
pensamento inovador, 203
pensamento mecanizado, 202-203
pensamento revolucionário, 203
Pense diferente (Apple), 56, 204
pesquisa. *Ver* investigação, nos Quatro Is
"pessoa dos porquês," 166
Petersen, Bill, 110
Pinotti, Andrea Cordeiro, 184
Plane Delicious, 198
plantation, organizações, 196-206
ponto de diferença *vs.* ponto de vista, 130
Porter, Michael, 114
posse, discursos presidenciais, 173

Prêmio Extra Mile Hero (Herói da Milha Extra), 184
"Presente da Vida", bônus, 126
princípio do "fair play" (Lego), 59-60
Procter & Gamble (P&G)
    Always, marca, 42
    atividade "Existimos para...", 69-70
    Bounty, toalhas de papel, 41
    desodorante Secret, 42, 119-121, 123-124, 130, 244
    estratégia por que (why) usada por, 103
    ethos de melhorar vidas, 20, 159-160
    fundação da, 28--30
    McDonald, Bob, 38, 40-41, 43, 51
    Pampers, 41-42, 59
    Paquistão, projeto sobre higiene no, 103
    sabões Tide, 42, 59
    sabonete Safeguard, 59, 103
Procter, William, 29-30
Programa "1 pacote = 1 vacina", 41-42
Programa *Patrimonio Hoy*, 113-114
Propósito do Propósito, O (filme), 186-188
propósito
    atração das pessoas ao, 41-43
    criando, 174
    histórias de, importância de, 22-24
    localizando a caixa-preta da estratégia para o, 116-117
    lucros e acionistas *vs.*, 22, 66, 89, 204-205
    mensurando a liderança, 49-51
    natureza unificadora do, 220
    necessidade de mudança e, 216-217, 221
    primórdios e origens, 62
Pure water, sistemas de purificação, 217

Quatro de março, dia, 226-227
Quatro Is, Processo de Ideação
    iluminação, 134-135
    ilustração, 134-135
    incubação, 134-135
    investigação, 134-135
    panorama, 133-134
    Ser-fazer-dizer, sistema e, 46, 179-180
Quilted Northern's 2004 Bathroom Confidential Study, 168
Quinn, Kate, 139

254 PROPÓSITO

RCP (Rubbermaid Commercial Products), 49, 158-159
regras, quebrar, 171
Revolução Humana, 213
Revolução Industrial, 213-214
Revolução Tecnológica, 213
Riqueza das Nações, A (Smith), 214
Rockefeller, John D., 214
Rodin, Auguste, 168
ROI (retorno sobre inspiração), 20, 55, 196, 210
Ronald McDonald, Casas de Apoio, 94-95
Roosevelt, Franklin Delano, 173, 214
Roszak,Theodore, 53-55, 59, 179
rotina, mudanças de, 169-170
Rubbermaid. *Ver* Newell Rubbermaid

S&P 500, 227
sabonete Safeguard, 59, 103
Saint, Nate, 31
"Sapatos para um amanhã melhor". (TOMS), 56
satisfação, em *Master Ideas*, 56
Save the Children, 103
Sawyer, Keith, 151
Schear, Maggie, 140-142, 154, 242
Schmidt, Eric, 200
Schrage, Paul, 93
Schultz, Howard, 55, 124, 131
Scorsese, Martin, 35
Scully, John, 205
Seaview Market, 125
Secret, desodorante, 42, 119-120-121, 123-124, 130
sentidos, importância dos, 171
Ser-fazer-dizer, sistema, 46, 179-180, 189
"Servir alegria às famílias" (McDonald's), 92
Sheth, Jag, 128, 206, 219
Shore, Bradd, 159
Sima, Bob, 44
símbolos de cultura, 75-76
"Simplesmente faça" (Nike), 56, 178
Sinatra, Frank, 50
Skiles, Mark, 57
Skinner, Jim, 33
slogans, 179
Slow Food, movimento, 150

Smith, Adam, 214
social sampling (amostragem social), 128
Solano, secadores de cabelo, 74
sonho americano, 28
Sonoma, Chuck, 70
Sony, 38
Southwest Airlines, 39, 76-77, 97, 127, 203, 240, 245
Spielberg, Steven, 172, 198
Starbucks, 55, 124-125, 131, 196
STEMconnector.org, 131
Sternberg, Robert, 122-123, 127, 246
"Story Template" (molde de histórias), cartoon (Chast), 22-23, 124, 213
Sun Capital Partners, Inc., 81-82
SunTrust Bank, 89, 143, 156, 158
Swyngomatic, 31

tática
    amor e, 120-131
    networking on-line e social, 121-122
    paixão e, 123-124, 126-127
    paixão, compartilhamento e compromisso com a empresa, 127-128
    táticas de marketing, 129-131
TDN – transtorno de déficit de natureza, 168
THINK (PENSE) – IBM, 56
Thomas, C. Rex, 31
Tide, sabão, 42, 59
TOMS, sapatos, 56
trabalho em equipe. *Ver* colaboração e coletividade
Trippe, Juan, 76
Tucker, Laurie, 104
Turner, Fred, 32, 91, 93
Twitter, 124

únicas, culturas, 205
Unicef, 41-42, 218
Unilever, 57
United Way, 192

valores condescendentes, 89
valores de compromisso, 89
valores influentes, 89-90

Índice Remissivo

valores
- categorias de, 89-90
- compaixão e, 74, 166
- da curiosidade ao encantamento, valor, 96-97
- identificar o propósito e, 48
- importância de, 87-88
- liderança e, 48
- panorama, 87-89
- valor *vs.*, 97-98
- *Ver também* verdade e honestidade

vantagem competitiva *vs.* vantagem distintiva, 114-115

vantagem diferenciada, 204-205

vantagem reativa, 204

vantagens organizacionais, 204-205

vencer ou vencer, estratégias, 113

verdade e honestidade
- em investigação, 143-144
- em publicidade, 178-179
- *Ser-fazer-dizer*, sistema e, 46, 179-180
- truísmos como valores, 42
- Verdades Humanas e Articulação, 178

Viagem ao Oriente (Hesse), 38

Virgin, 56-57

Vise Grip, 110

visões de mundo, organizacional, 202-203

"Viva o jeito Southwest" (Southwest Airlines), 76

vocação, conceito de, 29, 155

Volvo, 117

Vonk, Erik, 198

WALKAWAY, Programa, 74

Wall Street (filme), 88

Walmart, 28, 127

Watson, Thomas, Sr., 56, 215

Welch, Jack, 204

Weller, Craig, 57

WellPoint, 139

West Point, Exército dos EUA, 40-41

"When You Wish Upon a Star" (canção), 178

Who Do You Think You Are? – Quem você pensa que é? (Programa de TV), 142

Whole Foods Market, 39, 57, 74, 122, 126, 179, 196, 202

Whole Foods, Declaração de Interdependência, 202

Woolman, C. E., 78-79

Woolmington, Paul, 128

WorldCom, 202

WOW, estratégia, 103-104

Ws (três Ws), 104-105

Xiaoping, Deng, 43

Yew, Lee Kuan, 43

Zappos, 89, 97

Zuckerberg, Mark, 39